복을 부르는 방법

복을 부르는 방법

1판 1쇄 발행일 ┃ 2006년 2월 16일
1판 3쇄 발행일 ┃ 2011년 6월 16일

발행처 ┃ 삼한출판사
발행인 ┃ 김충호
지은이 ┃ 김찬동

신고년월일 ┃ 1975년 10월 18일
신고번호 ┃ 제305-1975-000001호

411-776 경기도 고양시 일산서구 일산동 1654번지
산들마을 304동 2001호

대표전화 (031) 921-0441
팩시밀리 (031) 925-2647

값 11,000원
ISBN 89-7460-111-7 3180

신비한 동양철학 · 69

복을 부르는 방법

역산 김찬동 편저

삼한

■ 머리말

우리는 누구나 행복한 삶을 원하나 행복을 잡으려면 좋은 운이 와야 한다. 인간에게는 선천운(先天運)과 후천운(後天運)이 있다. 선천운은 타고난 운명인 사주팔자로, 인생 전반을 지배하나 인간의 의지나 노력으로 바꿀 수 없다.

예를 들어 부모나 형제, 성(姓) 등은 아무리 노력해도 바뀌지 않는다. 후천운은 자신의 노력으로 바꿀 수 있는 부분으로, 개운(開運)한다는 것은 모두 이 후천운을 바꾸는 것이다. 다시 말해 선천운은 하늘의 영역으로 고칠 수 없지만, 후천운은 인간의 영역으로 노력 여하에 따라 충분히 바꿀 수 있다.

저자는 역술가이다. 매일 많은 사람을 상담하면서 참으로 안타까운 사연을 많이 접한다. 부부간의 갈등으로 고통받는 사람, 가난에서 벗어나지 못하고 항상 궁핍한 사람, 뺑소니차에 치여 목발을 짚고 다니면서도 보상 한 푼 못받는 사람, 삼재팔난의 고통에 허덕이는 사람, 얼굴이 못생겼다고 비관하며 자살을 생각하는 사람, 눈에 보이지 않는 장해물에 가로막힌 사람, 병이 떠나지 않아 약국과 병원을 제집 드나들듯 하는 사람, 인간관계에 문제가 있는 사람……

인생의 고민을 상담하여 준답시고 철학관 간판을 걸어놓고 있지만, 시원하게 해결해 주지 못한 문제들이 많았다. 곰곰히 생각하다가 천지신명께 기도를 올렸더니 응답을 주셨다. 운을 바꾸는 방법을 깨달은 것이다.

개운하는 방법은 여러 가지가 있으나, 이 책의 비법은 축원문을 독송하는 것이다. 독송이란 소리내 읽는다는 뜻이다. 사람의 말에는 기운이 있는데, 이 기운은 자신에게 돌아온다. 좋은 말을 하면 좋은 기운이 돌아오고, 나쁜 말을 하면 나쁜 기운이 돌아온다. 축원문은 모두 좋은 뜻이며, 선한 신명의 이름을 부르는 것이니, 신명님들의 협조를 받아 자신의 원하는 바를 이루게 되는 것이다.

누구나 어디서나 쉽게 비용을 들이지 않고 할 수 있으니, 언제든지 원하는 것이 있거나 문제가 생기면 주저하지 말고 해당하는 축원문을 소원이 성취될 때까지 열심히 독송하라. 그리하면 반드시 해결될 것이다. 만일 열심히 했는데도 효과를 보지 못한 사람은 저자에게 항의하기 바란다. 그러면 무엇 때문에 효과를 보지 못했는지 알려드릴 것이다.

이 책을 활용하는 방법

① 생월은 음력을 기준으로 한다. 만일 음력 생월을 모르면 대체로 음력은 양력보다 한 달 정도 늦으니 추정하여 계산한다. 예를 들어 양력 3월생이면 음력 2월로 보면 된다.

② 독송이란 소리내 읽는 것을 말하고, 많이 할수록 좋으나 시간이 없으면 하루에 최소한 3회 정도를 한번에 해도 좋고 나누어서 해도 좋다. 단 축원문의 내용을 되새기면서 정성스럽게 한다.

③ 다른 사람의 방해를 받지 않는 조용한 장소에서 안정된 마음으로 독송하면 좋지만 바쁜 현실에서 이것도 쉬운 일은 아니니, 시간과 장소에 구애받지 말고 언제 어디서나 해도 좋다. 버스나 지하철 안에서도 좋고, 상인이라면 장사를 하면서 해도 좋다.

④ 기간은 1 · 2 · 3 · 4 · 5 · 13 · 14 · 15 · 17장은 40일, 6 · 7 · 12 · 16 · 25장은 100일, 8 · 9 · 10 · 11 · 21 · 22 · 23 · 24장은 1년, 18 · 19 · 20장은 1,000일 동안 정성을 드리면 효과를 볼 수 있다.

⑤ 그림은 사진을 써도 좋고 자신이 그려도 좋다. 글은 검정색 붓이나 싸인펜 · 매직펜 등으로 쓴다. 그림이나 글씨를 쓰는 종이의 크기는 A4 정도이면 적당하나 더 커도 좋다.

⑥ 부모가 자식의 기도를 하거나 형제나 친구·애인의 기도를 대신해주어도 효과가 있다.

【실전연습】 만일 1월생인데 방위 때문에 어려움을 겪는다면 '북동동 방위에 돌과 바위가 있는 가을철 산의 그림을 걸고, 방위를 관장하는 오방신장께 드리는 오방신장축원문(151쪽)과 1월생의 운세를 관장하는 입추신장께 드리는 입추신장축원문(152쪽)과 만병통치약과 같은 소원성취축원문(150쪽)을 독송하면서 기도'하라고 되어 있다. 우선 해당하는 그림을 걸고, 오방신장축원문(151쪽에 있다) → 입추신장축원문(152쪽에 있다) → 소원성취축원문(150쪽에 있다) 순으로 독송한다. 여기까지가 1회다. 최소한 3회를 하라고 했으니 3번 반복하면 된다.

　다시 한번 강조한다. 원하는 것이나 일상생활에서 문제가 생겼을 때는 해당하는 축원문을 찾아 믿음을 갖고 독송하면 반드시 큰 효과를 볼 것이고, 예방 차원으로 꾸준히 하면 평생 오복을 누리며 행복하게 살아갈 수 있을 것이다.

실용편

제1장. 방위로 개운하는 비법

　방위란 동서남북, 즉 사방팔방을 말한다. 사람마다 운세의 흐름이 다르듯이 방위의 운세도 다르다. 방위의 길흉에 따라 심성이나 성격이 달라지고, 개인이나 집안이 번영하거나 몰락할 수도 있으니 방위는 매우 중요하다. 방위로 개운하려면 자신에게 좋은 방위에서 살거나, 좋은 방위에서 사업이나 활동을 하거나, 좋은 방위로 여행을 하거나, 좋은 방위에 머리를 두고 자는 방법 등이 있다.

　그러나 어쩔 수 없어 불리한 방위 때문에 어려움을 겪는다면 방위를 관장하는 오방신장께 드리는 오방신장축원문과 자신에게 해당하는 신장께 드리는 12절기 신장축원문과 만병통치약과 같은 소원성취축원문을 독송하면서 기도하면 반드시 큰 효과를 본다.

　방위의 길흉에 관하여 자세히 알고 싶으면 저자가 쓴 『이렇게 하면 좋은 운이 온다』(삼한출판사)를 참조하기 바란다.

방위의 길흉 대조표

방위 / 월	정북	북동북	북동동	정동	남동동	남동남	정남	남서남	남서서	정서	북서서	북서북
1월	소흉	중흉	대흉	중흉	소흉	평운	소길	중길	대길	중길	소길	평운
2월	평운	소흉	중흉	대흉	중흉	소흉	평운	소길	중길	대길	중길	소길
3월	소길	평운	소흉	중흉	대흉	중흉	소흉	평운	소길	중길	대길	중길
4월	중길	소길	평운	소흉	중흉	대흉	중흉	소흉	평운	소길	중길	대길
5월	대길	중길	소길	평운	소흉	중흉	대흉	중흉	소흉	평운	소길	중길
6월	중길	대길	중길	소길	평운	소흉	중흉	대흉	중흉	소흉	평운	소길
7월	소길	중길	대길	중길	소길	평운	소흉	중흉	대흉	중흉	소흉	평운
8월	평운	소길	중길	대길	중길	소길	평운	소흉	중흉	대흉	중흉	소흉
9월	소흉	평운	소길	중길	대길	중길	소길	평운	소흉	중흉	대흉	중흉
10월	중흉	소흉	평운	소길	중길	대길	중길	소길	평운	소흉	중흉	대흉
11월	대흉	중흉	소흉	평운	소길	중길	대길	중길	소길	평운	소흉	중흉
12월	중흉	대흉	중흉	소흉	평운	소길	중길	대길	중길	소길	평운	소흉

■ 1월생이 방위로 개운하는 비법

 1월생이 흉한 방위 때문에 어려움을 겪고 있으면 북동동 방위에 돌과 바위가 있는 가을철 산의 그림을 걸고, 방위를 관장하는 오방신장께 드리는 오방신장축원문(151쪽)과 1월생의 운세를 관장하는 입추신장께 드리는 입추신장축원문(152쪽)과 만병통치약과 같은 소원성취축원문(150쪽)을 독송하면서 기도하면 반드시 큰 효과를 볼 수 있다.

■ 2월생이 방위로 개운하는 비법

 2월생이 흉한 방위 때문에 어려움을 겪고 있으면 동방위에 돌과 바위가 있는 가을철 산의 그림을 걸고, 방위를 관장하는 오방신장께 드리는 오방신장축원문(151쪽)과 2월생의 운세를 관장하는 백로신장께 드리는 백로신장축원문(153쪽)과 만병통치약과 같은 소원성취축원문(150쪽)을 독송하면서 기도하면 반드시 큰 효과를 볼 수 있을 것이다.

■ 3월생이 방위로 개운하는 비법

 3월생이 흉한 방위 때문에 어려움을 겪고 있으면 남동동 방위에 돌과 바위가 있는 가을철 산의 그림을 걸고, 방위를 관장하는 오방신장께 드리는 오방신장축원문(151쪽)과 3월생의 운세를 관장하는 한로신장께 드리는 한로신장축원문(154쪽)과 만병통치약과 같은 소원성취축원문(150쪽)을 독송하면서 기도하면 반드시 큰 효과를 볼 수 있다.

■ 4월생이 방위로 개운하는 비법

4월생이 흉한 방위 때문에 어려움을 겪고 있으면 남동남 방위에 연못과 강이 있는 겨울철 산의 그림을 걸고, 방위를 관장하는 오방신장께 드리는 오방신장축원문(151쪽)과 4월생의 운세를 관장하는 입동신장께 드리는 입동신장축원문(155쪽)과 만병통치약과 같은 소원성취축원문(150쪽)을 독송하면서 기도하면 반드시 큰 효과를 볼 수 있다.

■ 5월생이 방위로 개운하는 비법

5월생이 흉한 방위 때문에 어려움을 겪고 있으면 남방위에 연못과 강이 있는 겨울철 산의 그림을 걸고, 방위를 관장하는 오방신장께 드리는 오방신장축원문(151쪽)과 5월생의 운세를 관장하는 대설신장께 드리는 대설신장축원문(156쪽)과 만병통치약과 같은 소원성취축원문(150쪽)을 독송하면서 기도하면 반드시 큰 효과를 볼 수 있을 것이다.

■ 6월생이 방위로 개운하는 비법

6월생이 흉한 방위 때문에 어려움을 겪고 있으면 남서남 방위에 연못과 강이 있는 겨울철 산의 그림을 걸고, 방위를 관장하는 오방신장께 드리는 오방신장축원문(151쪽)과 6월생의 운세를 관장하는 소한신장께 드리는 소한신장축원문(157쪽)과 만병통치약과 같은 소원성취축원문(150쪽)을 독송하면서 기도하면 반드시 큰 효과를 볼 수 있다.

■ 7월생이 방위로 개운하는 비법

7월생이 흉한 방위 때문에 어려움을 겪고 있으면 남서서 방위에 나무와 화초가 있는 봄철의 산 그림을 걸고, 방위를 관장하는 오방신장께 드리는 오방신장축원문(151쪽)과 7월생의 운세를 관장하는 입춘신장께 드리는 입춘신장축원문(158쪽)과 만병통치약과 같은 소원성취축원문(150쪽)을 독송하면서 기도하면 반드시 큰 효과를 볼 수 있다.

■ 8월생이 방위로 개운하는 비법

8월생이 흉한 방위 때문에 어려움을 겪고 있으면 서방위에 나무와 화초가 있는 봄철의 산 그림을 걸고, 방위를 관장하는 오방신장께 드리는 오방신장축원문(151쪽)과 8월생의 운세를 관장하는 경칩신장께 드리는 경칩신장축원문(159쪽)과 만병통치약과 같은 소원성취축원문(150쪽)을 독송하면서 기도하면 반드시 큰 효과를 볼 수 있을 것이다.

■ 9월생이 방위로 개운하는 비법

9월생이 흉한 방위 때문에 어려움을 겪고 있으면 북서서 방위에 나무와 화초가 있는 봄철의 산 그림을 걸고, 방위를 관장하는 오방신장께 드리는 오방신장축원문(151쪽)과 9월생의 운세를 관장하는 청명신장께 드리는 청명신장축원문(160쪽)과 만병통치약과 같은 소원성취축원문(150쪽)을 독송하면서 기도하면 반드시 큰 효과를 볼 수 있다.

■ 10월생이 방위로 개운하는 비법

10월생이 흉한 방위 때문에 어려움을 겪고 있으면 북서북 방위에 밝은 태양이 떠 있는 여름철 산의 그림을 걸고, 방위를 관장하는 오방신장께 드리는 오방신장축원문(151쪽)과 10월생의 운세를 관장하는 입하신장께 드리는 입하신장축원문(161쪽)과 만병통치약과 같은 소원성취축원문(150쪽)을 독송하면서 기도하면 반드시 큰 효과를 볼 수 있다.

■ 11월생이 방위로 개운하는 비법

11월생이 흉한 방위 때문에 어려움을 겪고 있으면 북방위에 밝은 태양이 떠 있는 여름철 산의 그림을 걸고, 방위를 관장하는 오방신장께 드리는 오방신장축원문(151쪽)과 11월생의 운세를 관장하는 소서신장께 드리는 소서신장축원문(162쪽)과 만병통치약과 같은 소원성취축원문(150쪽)을 독송하면서 기도하면 반드시 큰 효과를 볼 수 있다.

■ 12월생이 방위로 개운하는 비법

12월생이 흉한 방위 때문에 어려움을 겪고 있으면 북동북 방위에 밝은 태양이 떠 있는 여름철 산의 그림을 걸고, 방위를 관장하는 오방신장께 드리는 오방신장축원문(151쪽)과 12월생의 운세를 관장하는 망종신장께 드리는 망종신장축원문(163쪽)과 만병통치약과 같은 소원성취축원문(150쪽)을 독송하면서 기도하면 반드시 큰 효과를 볼 수 있다.

제2장. 색상으로 개운하는 비법

색상은 청색·적색·황색·백색·흑색 다섯 가지로 나눈다. 사람마다 운세의 흐름이 다르듯이 색상의 운세도 다르다. 색상은 길흉에 따라 심성이나 성격이 달라지고, 개인이나 집안이 번영하거나 몰락할 수도 있으니 매우 중요하다.

색상으로 개운하는 방법은 자신에게 좋은 색상으로 집이나 사업장을 꾸미거나 물건을 지니면 된다. 그러나 어쩔 수 없어 불리한 색상 때문에 어려움을 겪는다면 색상을 관장하는 오색신장께 드리는 오색신장축원문과 자신에게 해당하는 신장께 드리는 12절기 신장축원문과 만병통치약과 같은 소원성취축원문을 독송하면서 기도하면 반드시 큰 효과를 볼 수 있을 것이다.

색상의 길흉에 관하여 자세히 알고 싶으면 저자가 쓴 『이렇게 하면 좋은 운이 온다』(삼한출판사)를 참조하기 바란다.

색상의 길흉 대조표

월＼색	흑색	청색	적색	황색	백색
1월	소흉	중흉	소길	대길	중길
2월	평운	대흉	평운	중길	대길
3월	소길	중흉	소흉	소길	중길
4월	중길	소흉	중흉	평운	소길
5월	대길	평운	대흉	소흉	평운
6월	중길	소길	중흉	중흉	소흉
7월	소길	중길	소흉	대흉	중흉
8월	평운	대길	평운	중흉	대흉
9월	소흉	중길	소길	소흉	중흉
10월	중흉	소길	중길	평운	소흉
11월	대흉	평운	대길	소길	평운
12월	중흉	소흉	중길	중길	소길

■ 1월생이 색상으로 개운하는 비법

1월생이 흉한 색상 때문에 어려움을 겪고 있으면 북동동 방위에 '오색신장내조아(五色神將來助我)'라고 써서 걸고, 색상을 관장하는 오색신장께 드리는 오색신장축원문(164쪽)과 1월생의 운세를 관장하는 입추신장께 드리는 입추신장축원문(152쪽)과 만병통치약과 같은 소원성취축원문(150쪽)을 독송하면서 기도하면 반드시 큰 효과를 볼 수 있다.

■ 2월생이 색상으로 개운하는 비법

2월생이 흉한 색상 때문에 어려움을 겪고 있으면 동방위에 '오색신장내조아(五色神將來助我)'라고 써서 걸고, 색상을 관장하는 오색신장께 드리는 오색신장축원문(164쪽)과 2월생의 운세를 관장하는 백로신장께 드리는 백로신장축원문(153쪽)과 만병통치약과 같은 소원성취축원문(150쪽)을 독송하면서 기도하면 반드시 큰 효과를 볼 수 있다.

■ 3월생이 색상으로 개운하는 비법

3월생이 흉한 색상 때문에 어려움을 겪고 있으면 서방위에 '오색신장내조아(五色神將來助我)'라고 써서 걸고, 색상을 관장하는 오색신장께 드리는 오색신장축원문(164쪽)과 3월생의 운세를 관장하는 한로신장께 드리는 한로신장축원문(154쪽)과 만병통치약과 같은 소원성취축원문(150쪽)을 독송하면서 기도하면 반드시 큰 효과를 볼 수 있다.

■ 4월생이 색상으로 개운하는 비법

4월생이 흉한 색상 때문에 어려움을 겪고 있으면 남동남 방위에 '오색신장내조아(五色神將來助我)'라고 써서 걸고, 색상을 관장하는 오색신장께 드리는 오색신장축원문(164쪽)과 4월생의 운세를 관장하는 입동신장께 드리는 입동신장축원문(155쪽)과 만병통치약과 같은 소원성취축원문(150쪽)을 독송하면서 기도하면 반드시 큰 효과를 볼 수 있다.

■ 5월생이 색상으로 개운하는 비법

5월생이 흉한 색상 때문에 어려움을 겪고 있으면 남방위에 '오색신장내조아(五色神將來助我)'라고 써서 걸고, 색상을 관장하는 오색신장께 드리는 오색신장축원문(164쪽)과 5월생의 운세를 관장하는 대설신장께 드리는 대설신장축원문(156쪽)과 만병통치약과 같은 소원성취축원문(150쪽)을 독송하면서 기도하면 반드시 큰 효과를 볼 수 있다.

■ 6월생이 색상으로 개운하는 비법

6월생이 흉한 색상 때문에 어려움을 겪고 있으면 남서남 방위에 '오색신장내조아(五色神將來助我)'라고 써서 걸고, 색상을 관장하는 오색신장께 드리는 오색신장축원문(164쪽)과 6월생의 운세를 관장하는 소한신장께 드리는 소한신장축원문(157쪽)과 만병통치약과 같은 소원성취축원문(150쪽)을 독송하면서 기도하면 반드시 큰 효과를 볼 수 있다.

■ 7월생이 색상으로 개운하는 비법

 7월생이 흉한 색상 때문에 어려움을 겪고 있으면 남서서 방위에 '오색신장내조아(五色神將來助我)'라고 써서 걸고, 색상을 관장하는 오색신장께 드리는 오색신장축원문(164쪽)과 7월생의 운세를 관장하는 입춘신장께 드리는 입춘신장축원문(158쪽)과 만병통치약과 같은 소원성취축원문(150쪽)을 독송하면서 기도하면 반드시 큰 효과를 볼 수 있다.

■ 8월생이 색상으로 개운하는 비법

 8월생이 흉한 색상 때문에 어려움을 겪고 있으면 서방위에 '오색신장내조아(五色神將來助我)'라고 써서 걸고, 색상을 관장하는 오색신장께 드리는 오색신장축원문(164쪽)과 8월생의 운세를 관장하는 경칩신장께 드리는 경칩신장축원문(159쪽)과 만병통치약과 같은 소원성취축원문(150쪽)을 독송하면서 기도하면 반드시 큰 효과를 볼 수 있다.

■ 9월생이 색상으로 개운하는 비법

 9월생이 흉한 색상 때문에 어려움을 겪고 있으면 북서서 방위에 '오색신장내조아(五色神將來助我)'라고 써서 걸고, 색상을 관장하는 오색신장께 드리는 오색신장축원문(164쪽)과 9월생의 운세를 관장하는 청명신장께 드리는 청명신장축원문(160쪽)과 만병통치약과 같은 소원성취축원문(150쪽)을 독송하면서 기도하면 반드시 큰 효과를 볼 수 있다.

■ 10월생이 색상으로 개운하는 비법

10월생이 흉한 색상 때문에 어려움을 겪고 있으면 북서북 방위에 '오색신장내조아(五色神將來助我)'라고 써서 걸고, 색상을 관장하는 오색신장께 드리는 오색신장축원문(164쪽)과 10월생의 운세를 관장하는 입하신장께 드리는 입하신장축원문(161쪽)과 만병통치약과 같은 소원성취축원문(150쪽)을 독송하면서 기도하면 반드시 큰 효과를 볼 수 있다.

■ 11월생이 색상으로 개운하는 비법

11월생이 흉한 색상 때문에 어려움을 겪고 있으면 북방위에 '오색신장내조아(五色神將來助我)'라고 써서 걸고, 색상을 관장하는 오색신장께 드리는 오색신장축원문(164쪽)과 11월생의 운세를 관장하는 소서신장께 드리는 소서신장축원문(162쪽)과 만병통치약과 같은 소원성취축원문(150쪽)을 독송하면서 기도하면 반드시 큰 효과를 볼 수 있다.

■ 12월생이 색상으로 개운하는 비법

12월생이 흉한 색상 때문에 어려움을 겪고 있으면 북동북 방위에 '오색신장내조아(五色神將來助我)'라고 써서 걸고, 색상을 관장하는 오색신장께 드리는 오색신장축원문(164쪽)과 12월생의 운세를 관장하는 망종신장께 드리는 망종신장축원문(163쪽)과 만병통치약과 같은 소원성취축원문(150쪽)을 독송하면서 기도하면 반드시 큰 효과를 볼 수 있다.

제3장. 수리로 개운하는 비법

사람마다 운세의 흐름이 다르듯이 수리의 운세도 다르다. 수리의 길흉에 따라 심성이나 성격이 달라지고, 개인이나 집안이 번영하거나 몰락할 수도 있으니 수리는 매우 중요하다. 수리로 개운하는 방법은 자신에게 좋은 수의 번지나 층이나 호에 살거나, 전화번호나 비밀번호를 갖거나, 좋은 수리를 나타내는 사업이나 활동을 하거나, 좋은 수리를 나타내는 곳으로 여행하면 된다.

그러나 어쩔 수 없어 불리한 수리 때문에 어려움을 겪는다면 수리를 관장하는 오수신장께 드리는 오수신장축원문과 자신에게 해당하는 신장께 드리는 12절기 신장축원문과 만병통치약과 같은 소원성취축원문을 독송하면서 기도하면 반드시 큰 효과를 본다.

수리의 길흉에 관하여 자세히 알고 싶으면 저자가 쓴 『이렇게 하면 좋은 운이 온다』(삼한출판사)를 참조하기 바란다.

수리의 길흉 대조표

수리 월	6	1, 6	3	8	3, 8	2	7	2, 7	4	9	4, 9	1	5, 0
1월	소흉	중흉	대흉	중흉	소흉	평운	소길	중길	대길	중길	소길	평운	평운
2월	평운	소흉	중흉	대흉	중흉	소흉	평운	소길	중길	대길	중길	소길	평운
3월	소길	평운	소흉	중흉	대흉	중흉	소흉	평운	소길	중길	대길	중길	평운
4월	중길	소길	평운	소흉	중흉	대흉	중흉	소흉	평운	소길	중길	대길	평운
5월	대길	중길	소길	평운	소흉	중흉	대흉	중흉	소흉	평운	소길	중길	평운
6월	중길	대길	중길	소길	평운	소흉	중흉	대흉	중흉	소흉	평운	소길	평운
7월	소길	중길	대길	중길	소길	평운	소흉	중흉	대흉	중흉	소흉	평운	평운
8월	평운	소길	중길	대길	중길	소길	평운	소흉	중흉	대흉	중흉	소흉	평운
9월	소흉	평운	소길	중길	대길	중길	소길	평운	소흉	중흉	대흉	중흉	평운
10월	중흉	소흉	평운	소길	중길	대길	중길	소길	평운	소흉	중흉	대흉	평운
11월	대흉	중흉	소흉	평운	소길	중길	대길	중길	소길	평운	소흉	중흉	평운
12월	중흉	대흉	중흉	소흉	평운	소길	중길	대길	중길	소길	평운	소흉	평운

5와 10은 반길반흉수이며 평운수이고, 0은 10과 같다.

■ 1월생이 수리로 개운하는 비법

 1월생이 흉한 수리 때문에 어려움을 겪고 있으면 북동동 방위에 돌과 바위가 있는 가을철 산의 그림을 걸고, 수리를 관장하는 오수신장께 드리는 오수신장축원문(165쪽)과 1월생의 운세를 관장하는 입추신장께 드리는 입추신장축원문(152쪽)과 만병통치약과 같은 소원성취축원문(150쪽)을 독송하면서 기도하면 반드시 큰 효과를 볼 수 있다.

■ 2월생이 수리로 개운하는 비법

 2월생이 흉한 수리 때문에 어려움을 겪고 있으면 동방위에 돌과 바위가 있는 가을철 산의 그림을 걸고, 수리를 관장하는 오수신장께 드리는 오수신장축원문(165쪽)과 2월생의 운세를 관장하는 백로신장께 드리는 백로신장축원문(153쪽)과 만병통치약과 같은 소원성취축원문(150쪽)을 독송하면서 기도하면 반드시 큰 효과를 볼 수 있을 것이다.

■ 3월생이 수리로 개운하는 비법

 3월생이 흉한 수리 때문에 어려움을 겪고 있으면 남동동 방위에 돌과 바위가 있는 가을철 산의 그림을 걸고, 수리를 관장하는 오수신장께 드리는 오수신장축원문(165쪽)과 3월생의 운세를 관장하는 한로신장께 드리는 한로신장축원문(154쪽)과 만병통치약과 같은 소원성취축원문(150쪽)을 독송하면서 기도하면 반드시 큰 효과를 볼 수 있다.

■ 4월생이 수리로 개운하는 비법

4월생이 흉한 수리 때문에 어려움을 겪고 있으면 남동남 방위에 연못과 강이 있는 겨울철 산의 그림을 걸고, 수리를 관장하는 오수신장께 드리는 오수신장축원문(165쪽)과 4월생의 운세를 관장하는 입동신장께 드리는 입동신장축원문(155쪽)과 만병통치약과 같은 소원성취축원문(150쪽)을 독송하면서 기도하면 반드시 큰 효과를 볼 수 있다.

■ 5월생이 수리로 개운하는 비법

5월생이 흉한 수리 때문에 어려움을 겪고 있으면 남방위에 연못과 강이 있는 겨울철 산의 그림을 걸고, 수리를 관장하는 오수신장께 드리는 오수신장축원문(165쪽)과 5월생의 운세를 관장하는 대설신장께 드리는 대설신장축원문(156쪽)과 만병통치약과 같은 소원성취축원문(150쪽)을 독송하면서 기도하면 반드시 큰 효과를 볼 수 있을 것이다.

■ 6월생이 수리로 개운하는 비법

6월생이 흉한 수리 때문에 어려움을 겪고 있으면 남서남 방위에 연못과 강이 있는 겨울철 산의 그림을 걸고, 수리를 관장하는 오수신장께 드리는 오수신장축원문(165쪽)과 6월생의 운세를 관장하는 소한신장께 드리는 소한신장축원문(157쪽)과 만병통치약과 같은 소원성취축원문(150쪽)을 독송하면서 기도하면 반드시 큰 효과를 볼 수 있다.

■ 7월생이 수리로 개운하는 비법

7월생이 흉한 수리 때문에 어려움을 겪고 있으면 남서서 방위에 나무와 화초가 있는 봄철의 산 그림을 걸고, 수리를 관장하는 오수신장께 드리는 오수신장축원문(165쪽)과 7월생의 운세를 관장하는 입춘신장께 드리는 입춘신장축원문(158쪽)과 만병통치약과 같은 소원성취축원문(150쪽)을 독송하면서 기도하면 반드시 큰 효과를 볼 수 있다.

■ 8월생이 수리로 개운하는 비법

8월생이 흉한 수리 때문에 어려움을 겪고 있으면 서방위에 나무와 화초가 있는 봄철의 산 그림을 걸고, 수리를 관장하는 오수신장께 드리는 오수신장축원문(165쪽)과 8월생의 운세를 관장하는 경칩신장께 드리는 경칩신장축원문(159쪽)과 만병통치약과 같은 소원성취축원문(150쪽)을 독송하면서 기도하면 반드시 큰 효과를 볼 수 있을 것이다.

■ 9월생이 수리로 개운하는 비법

9월생이 흉한 수리 때문에 어려움을 겪고 있으면 북서서 방위에 나무와 화초가 있는 봄철의 산 그림을 걸고, 수리를 관장하는 오수신장께 드리는 오수신장축원문(165쪽)과 9월생의 운세를 관장하는 청명신장께 드리는 청명신장축원문(160쪽)과 만병통치약과 같은 소원성취축원문(150쪽)을 독송하면서 기도하면 반드시 큰 효과를 볼 수 있다.

■ 10월생이 수리로 개운하는 비법

10월생이 흉한 수리 때문에 어려움을 겪고 있으면 북서북 방위에 밝은 태양이 떠 있는 여름철 산의 그림을 걸고, 수리를 관장하는 오수신장께 드리는 오수신장축원문(165쪽)과 10월생의 운세를 관장하는 입하신장께 드리는 입하신장축원문(161쪽)과 만병통치약과 같은 소원성취축원문(150쪽)을 독송하면서 기도하면 반드시 큰 효과를 볼 수 있다.

■ 11월생이 수리로 개운하는 비법

11월생이 흉한 수리 때문에 어려움을 겪고 있으면 북방위에 밝은 태양이 떠 있는 여름철 산의 그림을 걸고, 수리를 관장하는 오수신장께 드리는 오수신장축원문(165쪽)과 11월생의 운세를 관장하는 소서신장께 드리는 소서신장축원문(162쪽)과 만병통치약과 같은 소원성취축원문(150쪽)을 독송하면서 기도하면 반드시 큰 효과를 볼 수 있다.

■ 12월생이 수리로 개운하는 비법

12월생이 흉한 수리 때문에 어려움을 겪고 있으면 북동북 방위에 밝은 태양이 떠 있는 여름철 산의 그림을 걸고, 수리를 관장하는 오수신장께 드리는 오수신장축원문(165쪽)과 12월생의 운세를 관장하는 망종신장께 드리는 망종신장축원문(163쪽)과 만병통치약과 같은 소원성취축원문(150쪽)을 독송하면서 기도하면 반드시 큰 효과를 볼 수 있다.

제4장. 년운으로 개운하는 비법

 년운(年運)이란 그 해의 운을 말한다. 사람마다 운세의 흐름이 다르듯이 해에 따라 운세도 다르다. 년운의 길흉에 따라 심성이나 성격이 달라지고, 개인이나 집안이 번영하거나 몰락할 수도 있으니 년운은 매우 중요하다.

 좋은 년운에는 투자·전진·확장 등 모든 일이 유리하나, 불리한 년운에는 자중하면서 때를 기다려야 한다. 그러나 무작정 기다릴 수만은 없기 때문에 방법을 찾아야 한다. 금년의 운세를 관장하는 태세세군께 드리는 태세세군축원문과 자신에게 해당하는 신장께 드리는 12절기 신장축원문과 만병통치약과 같은 소원성취축원문을 독송하면서 기도하면 반드시 큰 효과를 볼 수 있을 것이다.

 년운의 길흉에 관하여 자세히 알고 싶으면 저자가 쓴 『이렇게 하면 좋은 운이 온다』(삼한출판사)를 참조하기 바란다.

년운의 길흉 대조표

년 월	子年	丑年	寅年	卯年	辰年	巳年	午年	未年	申年	酉年	戌年	亥年
1월	소흉	중흉	대흉	중흉	소흉	평운	소길	중길	대길	중길	소길	평운
2월	평운	소흉	중흉	대흉	중흉	소흉	평운	소길	중길	대길	중길	소길
3월	소길	평운	소흉	중흉	대흉	중흉	소흉	평운	소길	중길	대길	중길
4월	중길	소길	평운	소흉	중흉	대흉	중흉	소흉	평운	소길	중길	대길
5월	대길	중길	소길	평운	소흉	중흉	대흉	중흉	소흉	평운	소길	중길
6월	중길	대길	중길	소길	평운	소흉	중흉	대흉	중흉	소흉	평운	소길
7월	소길	중길	대길	중길	소길	평운	소흉	중흉	대흉	중흉	소흉	평운
8월	평운	소길	중길	대길	중길	소길	평운	소흉	중흉	대흉	중흉	소흉
9월	소흉	평운	소길	중길	대길	중길	소길	평운	소흉	중흉	대흉	중흉
10월	중흉	소흉	평운	소길	중길	대길	중길	소길	평운	소흉	중흉	대흉
11월	대흉	중흉	소흉	평운	소길	중길	대길	중길	소길	평운	소흉	중흉
12월	중흉	대흉	중흉	소흉	평운	소길	중길	대길	중길	소길	평운	소흉

■ 1월생이 년운으로 개운하는 비법

 1월생이 올해의 년운이 흉하면 북동동 방위에 '태세세군내조아(太歲歲君來助我)'라고 써서 걸고, 금년의 운세를 관장하는 태세세군께 드리는 태세세군축원문(166쪽)과 1월생의 운세를 관장하는 입추신장께 드리는 입추신장축원문(152쪽)과 만병통치약과 같은 소원성취축원문(150쪽)을 독송하면서 기도하면 반드시 큰 효과를 볼 수 있다.

■ 2월생이 년운으로 개운하는 비법

 2월생이 올해의 년운이 흉하면 동방위에 '태세세군내조아(太歲歲君來助我)'라고 써서 걸고, 금년의 운세를 관장하는 태세세군께 드리는 태세세군축원문(166쪽)과 2월생의 운세를 관장하는 백로신장께 드리는 백로신장축원문(153쪽)과 만병통치약과 같은 소원성취축원문(150쪽)을 독송하면서 기도하면 반드시 큰 효과를 볼 수 있을 것이다.

■ 3월생이 년운으로 개운하는 비법

 3월생이 올해의 년운이 흉하면 남동동 방위에 '태세세군내조아(太歲歲君來助我)'라고 써서 걸고, 금년의 운세를 관장하는 태세세군께 드리는 태세세군축원문(166쪽)과 3월생의 운세를 관장하는 한로신장께 드리는 한로신장축원문(154쪽)과 만병통치약과 같은 소원성취축원문(150쪽)을 독송하면서 기도하면 반드시 큰 효과를 볼 수 있다.

■ 4월생이 년운으로 개운하는 비법

4월생이 올해의 년운이 흉하면 남동남 방위에 '태세세군내조아(太歲歲君來助我)'라고 써서 걸고, 금년의 운세를 관장하는 태세세군께 드리는 태세세군축원문(166쪽)과 4월생의 운세를 관장하는 입동신장께 드리는 입동신장축원문(155쪽)과 만병통치약과 같은 소원성취축원문(150쪽)을 독송하면서 기도하면 반드시 큰 효과를 볼 수 있다.

■ 5월생이 년운으로 개운하는 비법

5월생이 올해의 년운이 흉하면 남방위에 '태세세군내조아(太歲歲君來助我)'라고 써서 걸고, 금년의 운세를 관장하는 태세세군께 드리는 태세세군축원문(166쪽)과 5월생의 운세를 관장하는 대설신장께 드리는 대설신장축원문(156쪽)과 만병통치약과 같은 소원성취축원문(150쪽)을 독송하면서 기도하면 반드시 큰 효과를 볼 수 있을 것이다.

■ 6월생이 년운으로 개운하는 비법

6월생이 올해의 년운이 흉하면 남서남 방위에 '태세세군내조아(太歲歲君來助我)'라고 써서 걸고, 금년의 운세를 관장하는 태세세군께 드리는 태세세군축원문(166쪽)과 6월생의 운세를 관장하는 소한신장께 드리는 소한신장축원문(157쪽)과 만병통치약과 같은 소원성취축원문(150쪽)을 독송하면서 기도하면 반드시 큰 효과를 볼 수 있다.

■ 7월생이 년운으로 개운하는 비법

7월생이 올해의 년운이 흉하면 남서서 방위에 '태세세군내조아(太歲歲君來助我)'라고 써서 걸고, 금년의 운세를 관장하는 태세세군께 드리는 태세세군축원문(166쪽)과 7월생의 운세를 관장하는 입춘신장께 드리는 입춘신장축원문(158쪽)과 만병통치약과 같은 소원성취축원문(150쪽)을 독송하면서 기도하면 반드시 큰 효과를 볼 수 있다.

■ 8월생이 년운으로 개운하는 비법

8월생이 올해의 년운이 흉하면 서방위에 '태세세군내조아(太歲歲君來助我)'라고 써서 걸고, 금년의 운세를 관장하는 태세세군께 드리는 태세세군축원문(166쪽)과 8월생의 운세를 관장하는 경칩신장께 드리는 경칩신장축원문(159쪽)과 만병통치약과 같은 소원성취축원문(150쪽)을 독송하면서 기도하면 반드시 큰 효과를 볼 수 있을 것이다.

■ 9월생이 년운으로 개운하는 비법

9월생이 올해의 년운이 흉하면 북서서 방위에 '태세세군내조아(太歲歲君來助我)'라고 써서 걸고, 금년의 운세를 관장하는 태세세군께 드리는 태세세군축원문(166쪽)과 9월생의 운세를 관장하는 청명신장께 드리는 청명신장축원문(160쪽)과 만병통치약과 같은 소원성취축원문(150쪽)을 독송하면서 기도하면 반드시 큰 효과를 볼 수 있다.

■ 10월생이 년운으로 개운하는 비법

10월생이 올해의 년운이 흉하면 북서북 방위에 '태세세군내조아(太歲歲君來助我)'라고 써서 걸고, 금년의 운세를 관장하는 태세세군께 드리는 태세세군축원문(166쪽)과 10월생의 운세를 관장하는 입하신장께 드리는 입하신장축원문(161쪽)과 만병통치약과 같은 소원성취축원문(150쪽)을 독송하면서 기도하면 반드시 큰 효과를 볼 수 있다.

■ 11월생이 년운으로 개운하는 비법

11월생이 올해의 년운이 흉하면 북방위에 '태세세군내조아(太歲歲君來助我)'라고 써서 걸고, 금년의 운세를 관장하는 태세세군께 드리는 태세세군축원문(166쪽)과 11월생의 운세를 관장하는 소서신장께 드리는 소서신장축원문(162쪽)과 만병통치약과 같은 소원성취축원문(150쪽)을 독송하면서 기도하면 반드시 큰 효과를 볼 수 있을 것이다.

■ 12월생이 년운으로 개운하는 비법

12월생이 올해의 년운이 흉하면 북동북 방위에 '태세세군내조아(太歲歲君來助我)'라고 써서 걸고, 금년의 운세를 관장하는 태세세군께 드리는 태세세군축원문(166쪽)과 12월생의 운세를 관장하는 망종신장께 드리는 망종신장축원문(163쪽)과 만병통치약과 같은 소원성취축원문(150쪽)을 독송하면서 기도하면 반드시 큰 효과를 볼 수 있다.

제5장. 궁합으로 개운하는 비법

　궁합은 부모 · 형제 · 자녀 · 대인관계에서도 매우 중요하나, 특히 부부는 궁합이 잘 맞아야 백년해로하며 잘 살 수 있다. 궁합은 칼과 칼집에 비유할 수 있다. 칼은 큰 데 칼집이 작으면 칼이 들어갈 수 없고, 칼은 작은 데 칼집만 크면 어울리지 않는다.

　처음부터 궁합이 좋은 사람과 결혼하는 것이 가장 좋으나, 만일 이미 결혼했는데 궁합이 나쁘거나, 궁합이 나쁜 것을 알면서도 결혼해야 한다면 부부의 화합을 도와주는 부부화합축원문과 자신에게 해당하는 신장께 드리는 12절기 신장축원문과 만병통치약과 같은 소원성취축원문을 독송하면서 기도하면 반드시 큰 효과를 볼 수 있을 것이다.

　궁합의 길흉에 관하여 자세히 알고 싶으면 저자가 쓴 『이렇게 하면 좋은 운이 온다』(삼한출판사)를 참조하기 바란다.

궁합의 길흉 대조표

월 \ 월	1월	2월	3월	4월	5월	6월	7월	8월	9월	10월	11월	12월
1월	대흉	중흉	소흉	평운	소길	중길	대길	중길	소길	평운	소흉	중흉
2월	중흉	대흉	중흉	소흉	평운	소길	중길	대길	중길	소길	평운	소흉
3월	소흉	중흉	대흉	중흉	소흉	평운	소길	중길	대길	중길	소길	평운
4월	평운	소흉	중흉	대흉	중흉	소흉	평운	소길	중길	대길	중길	소길
5월	소길	평운	소흉	중흉	대흉	중흉	소흉	평운	소길	중길	대길	중길
6월	중길	소길	평운	소흉	중흉	대흉	중흉	소흉	평운	소길	중길	대길
7월	대길	중길	소길	평운	소흉	중흉	대흉	중흉	소흉	평운	소길	중길
8월	중길	대길	중길	소길	평운	소흉	중흉	대흉	중흉	소흉	평운	소길
9월	소길	중길	대길	중길	소길	평운	소흉	중흉	대흉	중흉	소흉	평운
10월	평운	소길	중길	대길	중길	소길	평운	소흉	중흉	대흉	중흉	소흉
11월	소흉	평운	소길	중길	대길	중길	소길	평운	소흉	중흉	대흉	중흉
12월	중흉	소흉	평운	소길	중길	대길	중길	소길	평운	소흉	중흉	대흉

■ 1월생이 궁합으로 개운하는 비법

1월생이 궁합이 흉하면 북동동 방위에 '부부일신백년동락(夫婦一身百年同樂)'이라고 써서 걸고, 부부의 화합을 도와주는 부부화합축원문(167쪽)과 1월생의 운세를 관장하는 입추신장께 드리는 입추신장축원문(152쪽)과 만병통치약과 같은 소원성취축원문(150쪽)을 독송하면서 기도하면 반드시 큰 효과를 볼 수 있다.

■ 2월생이 궁합으로 개운하는 비법

2월생이 궁합이 흉하면 동방위에 '부부일신백년동락(夫婦一身百年同樂)'이라고 써서 걸고, 부부의 화합을 도와주는 부부화합축원문(167쪽)과 2월생의 운세를 관장하는 백로신장께 드리는 백로신장축원문(153쪽)과 만병통치약과 같은 소원성취축원문(150쪽)을 독송하면서 기도하면 반드시 큰 효과를 볼 수 있다.

■ 3월생이 궁합으로 개운하는 비법

3월생이 궁합이 흉하면 남동동 방위에 '부부일신백년동락(夫婦一身百年同樂)'이라고 써서 걸고, 부부의 화합을 도와주는 부부화합축원문(167쪽)과 3월생의 운세를 관장하는 한로신장께 드리는 한로신장축원문(154쪽)과 만병통치약과 같은 소원성취축원문(150쪽)을 독송하면서 기도하면 반드시 큰 효과를 볼 수 있다.

■ 4월생이 궁합으로 개운하는 비법

4월생이 궁합이 흉하면 남동남 방위에 '부부일신백년동락(夫婦一

身百年同樂)'이라고 써서 걸고, 부부의 화합을 도와주는 부부화합
축원문(167쪽)과 4월생의 운세를 관장하는 입동신장께 드리는 입동
신장축원문(155쪽)과 만병통치약과 같은 소원성취축원문(150쪽)을
독송하면서 기도하면 반드시 큰 효과를 볼 수 있다.

■ 5월생이 궁합으로 개운하는 비법

5월생이 궁합이 흉하면 남방위에 '부부일신백년동락(夫婦一身百
年同樂)'이라고 써서 걸고, 부부의 화합을 도와주는 부부화합축원
문(167쪽)과 5월생의 운세를 관장하는 대설신장께 드리는 대설신장
축원문(156쪽)과 만병통치약과 같은 소원성취축원문(150쪽)을 독송
하면서 기도하면 반드시 큰 효과를 볼 수 있다.

■ 6월생이 궁합으로 개운하는 비법

6월생이 궁합이 흉하면 남서남 방위에 '부부일신백년동락(夫婦一
身百年同樂)'이라고 써서 걸고, 부부의 화합을 도와주는 부부화합
축원문(167쪽)과 6월생의 운세를 관장하는 소한신장께 드리는 소한
신장축원문(157쪽)과 만병통치약과 같은 소원성취축원문(150쪽)을
독송하면서 기도하면 반드시 큰 효과를 볼 수 있다.

■ 7월생이 궁합으로 개운하는 비법

7월생이 궁합이 흉하면 남서서 방위에 '부부일신백년동락(夫婦一
身百年同樂)'이라고 써서 걸고, 부부의 화합을 도와주는 부부화합
축원문(167쪽)과 7월생의 운세를 관장하는 입춘신장께 드리는 입춘

신장축원문(158쪽)과 만병통치약과 같은 소원성취축원문(150쪽)을 독송하면서 기도하면 반드시 큰 효과를 볼 수 있다.

■ 8월생이 궁합으로 개운하는 비법

8월생이 궁합이 흉하면 서방위에 '부부일신백년동락(夫婦一身百年同樂)'이라고 써서 걸고, 부부의 화합을 도와주는 부부화합축원문(167쪽)과 8월생의 운세를 관장하는 경칩신장께 드리는 경칩신장축원문(159쪽)과 만병통치약과 같은 소원성취축원문(150쪽)을 독송하면서 기도하면 반드시 큰 효과를 볼 수 있다.

■ 9월생이 궁합으로 개운하는 비법

9월생이 궁합이 흉하면 북서서 방위에 '부부일신백년동락(夫婦一身百年同樂)'이라고 써서 걸고, 부부의 화합을 도와주는 부부화합축원문(167쪽)과 9월생의 운세를 관장하는 청명신장께 드리는 청명신장축원문(160쪽)과 만병통치약과 같은 소원성취축원문(150쪽)을 독송하면서 기도하면 반드시 큰 효과를 볼 수 있다.

■ 10월생이 궁합으로 개운하는 비법

10월생이 궁합이 흉하면 북서북 방위에 '부부일신백년동락(夫婦一身百年同樂)'이라고 써서 걸고, 부부의 화합을 도와주는 부부화합축원문(167쪽)과 10월생의 운세를 관장하는 입하신장께 드리는 입하신장축원문(161쪽)과 만병통치약과 같은 소원성취축원문(150쪽)을 독송하면서 기도하면 반드시 큰 효과를 볼 수 있다.

■ 11월생이 궁합으로 개운하는 비법

11월생이 부부의 궁합이 흉하면 북(北)방위에 '부부일신백년동락(夫婦一身百年同樂)'이라고 써서 걸고, 부부의 화합을 도와주는 부부화합축원문(167쪽)과 11월생의 운세를 관장하는 소서신장께 드리는 소서신장축원문(162쪽)과 만병통치약과 같은 소원성취축원문(150쪽)을 독송하면서 기도하면 반드시 큰 효과를 볼 수 있다.

■ 12월생이 궁합으로 개운하는 비법

12월생이 부부의 궁합이 흉하면 북동북 방위에 '부부일신백년동락(夫婦一身百年同樂)'이라고 써서 걸고, 부부의 화합을 도와주는 부부화합축원문(167쪽)과 12월생의 운세를 관장하는 망종신장께 드리는 망종신장축원문(163쪽)과 만병통치약과 같은 소원성취축원문(150쪽)을 독송하면서 기도하면 반드시 큰 효과를 볼 수 있다.

제6장. 이름으로 개운하는 비법

　이름을 제2의 자신이라 하며 중요하게 여기는 이유는 이름 속에 생명영동(生命靈動)하는 기운이 있고, 이름은 부르면 반사작용이 생겨 심신과 운세에 길흉화복과 이해득실을 주는 역할을 하기 때문이다. 따라서 좋지 않은 이름은 부를수록 불행이 찾아오고, 좋은 이름은 부를수록 행복이 찾아온다.

　그러나 어쩔 수 없어 불리한 이름 때문에 어려움을 겪는다면 인간의 모든 생사화복을 관장하는 천존신명께 드리는 천존신명축원문과 자신에게 해당하는 신장께 드리는 12절기 신장축원문과 만병통치약과 같은 소원성취축원문을 독송하면서 기도하면 반드시 큰 효과를 볼 수 있을 것이다.

　이름의 길흉에 관하여 자세히 알고 싶으면 저자가 쓴 『이렇게 하면 좋은 운이 온다』(삼한출판사)를 참조하기 바란다.

월별로 보는 좋은 한자

7·8·9월생에게 좋은 한자	東 春 朝 靑 仁 溫 酸 目 甲 木 未 末 本 札 朱 李 杞 森 林 花 草 杜 村 材 乙 寅 卯 三 八 標 杏 林 松 枝 果 析 枯 柱 柄 柏 根 栗 核 格 梧 梅 條 梁 植 棟 森 棉 楷 礎 楔 榮 構 模 槿 樂 樣 機 樺 朴 權 生 閑 休
10·11·12월생에게 좋은 한자	南 夏 晝 赤 禮 暑 苦 舌 丙 火 灰 炅 炎 炷 炫 炳 炯 丁 巳 午 二 七 日 光 太 陽 熊 動 薰 長 熏 熟 熱 燕 烏 烈 烽 炒 熙 煙 烟 煥 晥 燈 變 塋 榮 影 影 映 燦 照 燥 晃 煌 恍 晄 旭 煜 昱 爀 是 狄 炙 羔 昺 景 瑩
3·6·9·12월생에게 좋은 한자	中 辰 戌 黃 信 熱 甘 口 戊 土 吐 地 址 在 座 坐 坊 己 丑 未 五 十 高 山 田 畓 坎 堪 坂 均 坤 垂 坪 坦 垠 型 城 埈 基 岐 執 域 埴 培 堅 堂 堤 堯 報 堡 塗 垣 境 塵 塾 增 壁 墻 邱 昔 壤 坰 社 仕 暗 岩 借
1·2·3월생에게 좋은 한자	西 秋 夕 白 義 凉 辛 鼻 庚 錯 錘 鎚 鋼 錡 鐘 鍾 鍵 申 酉 四 九 岩 石 車 鐵 銀 錐 鍛 鎬 鏡 鐸 鐵 轍 鑽 金 錦 銃 鉉 鉢 銅 銘 錢 銓 鈿 鈴 鎭 釬 鎌 收 結 釜 釣 鉛 鍊 鈺 鋒 銳 錠 釘 鉦 鋏 軐 鍥 鎰 鉑
4·5·6월생에게 좋은 한자	北 冬 夜 黑 源 寒 耳 壬 泉 消 洪 泓 洞 油 泊 法 癸 亥 子 一 六 河 川 海 池 淺 沼 活 洗 凍 津 洋 洛 水 洙 永 泳 藏 決 潔 治 泰 淵 河 流 海 浚 浩 湖 浮 求 江 雪 氷 深 注 洲 酒 沿 波 涯 淸 淨 淑 渡 潤

한자는 이것보다 훨씬 더 많으나, 지면 관계상 일부만 실었다.

■ 1월생이 이름으로 개운하는 비법

1월생이 불리한 이름 때문에 어려움을 겪고 있으면 새 이름이나 애칭이나 호를 크게 써서 북동동 방위에 걸고, 인간의 모든 생사화복을 관장하는 천존신명께 드리는 천존신명축원문(168쪽)과 1월생의 운세를 관장하는 입추신장께 드리는 입추신장축원문(152쪽)과 만병통치약과 같은 소원성취축원문(150쪽)을 독송하면서 기도하면 반드시 큰 효과를 볼 수 있다.

■ 2월생이 이름으로 개운하는 비법

2월생이 불리한 이름 때문에 어려움을 겪고 있으면 새 이름이나 애칭이나 호를 크게 써서 동방위에 걸고, 인간의 모든 생사화복을 관장하는 천존신명께 드리는 천존신명축원문(168쪽)과 2월생의 운세를 관장하는 백로신장께 드리는 백로신장축원문(153쪽)과 만병통치약과 같은 소원성취축원문(150쪽)을 독송하면서 기도하면 반드시 큰 효과를 볼 수 있다.

■ 3월생이 이름으로 개운하는 비법

3월생이 불리한 이름 때문에 어려움을 겪고 있으면 새 이름이나 애칭이나 호를 크게 써서 남동동 방위에 걸고, 인간의 모든 생사화복을 관장하는 천존신명께 드리는 천존신명축원문(168쪽)과 3월생의 운세를 관장하는 한로신장께 드리는 한로신장축원문(154쪽)과 만병통치약과 같은 소원성취축원문(150쪽)을 독송하면서 기도하면 반드시 큰 효과를 볼 수 있다.

■ 4월생이 이름으로 개운하는 비법

4월생이 불리한 이름 때문에 어려움을 겪고 있으면 새 이름이나 애칭이나 호를 크게 써서 남동남 방위에 걸고, 인간의 모든 생사화복을 관장하는 천존신명께 드리는 천존신명축원문(168쪽)과 4월생의 운세를 관장하는 입동신장께 드리는 입동신장축원문(155쪽)과 만병통치약과 같은 소원성취축원문(150쪽)을 독송하면서 기도하면 반드시 큰 효과를 볼 수 있다.

■ 5월생이 이름으로 개운하는 비법

5월생이 불리한 이름 때문에 어려움을 겪고 있으면 새 이름이나 애칭이나 호를 크게 써서 남방위에 걸고, 인간의 모든 생사화복을 관장하는 천존신명께 드리는 천존신명축원문(168쪽)과 5월생의 운세를 관장하는 대설신장께 드리는 대설신장축원문(156쪽)과 만병통치약과 같은 소원성취축원문(150쪽)을 독송하면서 기도하면 반드시 큰 효과를 볼 수 있다.

■ 6월생이 이름으로 개운하는 비법

6월생이 불리한 이름 때문에 어려움을 겪고 있으면 새 이름이나 애칭이나 호를 크게 써서 남서남 방위에 걸고, 인간의 모든 생사화복을 관장하는 천존신명께 드리는 천존신명축원문(168쪽)과 6월생의 운세를 관장하는 소한신장께 드리는 소한신장축원문(157쪽)과 만병통치약과 같은 소원성취축원문(150쪽)을 독송하면서 기도하면 반드시 큰 효과를 볼 수 있다.

■ 7월생이 이름으로 개운하는 비법

7월생이 불리한 이름 때문에 어려움을 겪고 있으면 새 이름이나 애칭이나 호를 크게 써서 남서서 방위에 걸고, 인간의 모든 생사화복을 관장하는 천존신명께 드리는 천존신명축원문(168쪽)과 7월생의 운세를 관장하는 입춘신장께 드리는 입춘신장축원문(158쪽)과 만병통치약과 같은 소원성취축원문(150쪽)을 독송하면서 기도하면 반드시 큰 효과를 볼 수 있다.

■ 8월생이 이름으로 개운하는 비법

8월생이 불리한 이름 때문에 어려움을 겪고 있으면 새 이름이나 애칭이나 호를 크게 써서 서방위에 걸고, 인간의 모든 생사화복을 관장하는 천존신명께 드리는 천존신명축원문(168쪽)과 8월생의 운세를 관장하는 경칩신장께 드리는 경칩신장축원문(159쪽)과 만병통치약과 같은 소원성취축원문(150쪽)을 독송하면서 기도하면 반드시 큰 효과를 볼 수 있다.

■ 9월생이 이름으로 개운하는 비법

9월생이 불리한 이름 때문에 어려움을 겪고 있으면 새 이름이나 애칭이나 호를 크게 써서 북서서 방위에 걸고, 인간의 모든 생사화복을 관장하는 천존신명께 드리는 천존신명축원문(168쪽)과 9월생의 운세를 관장하는 청명신장께 드리는 청명신장축원문(160쪽)과 만병통치약과 같은 소원성취축원문(150쪽)을 독송하면서 기도하면 반드시 큰 효과를 볼 수 있다.

■ 10월생이 이름으로 개운하는 비법

10월생이 불리한 이름 때문에 어려움을 겪고 있으면 새 이름이나 애칭이나 호를 크게 써서 북서북 방위에 걸고, 인간의 모든 생사화복을 관장하는 천존신명께 드리는 천존신명축원문(168쪽)과 10월생의 운세를 관장하는 입하신장께 드리는 입하신장축원문(161쪽)과 만병통치약과 같은 소원성취축원문(150쪽)을 독송하면서 기도하면 반드시 큰 효과를 볼 수 있다.

■ 11월생이 이름으로 개운하는 비법

11월생이 불리한 이름 때문에 어려움을 겪고 있으면 새 이름이나 애칭이나 호를 크게 써서 북방위에 걸고, 인간의 모든 생사화복을 관장하는 천존신명께 드리는 천존신명축원문(168쪽)과 11월생의 운세를 관장하는 소서신장께 드리는 소서신장축원문(162쪽)과 만병통치약과 같은 소원성취축원문(150쪽)을 독송하면서 기도하면 반드시 큰 효과를 볼 수 있다.

■ 12월생이 이름으로 개운하는 비법

12월생이 불리한 이름 때문에 어려움을 겪고 있으면 새 이름이나 애칭이나 호를 크게 써서 북동북 방위에 걸고, 인간의 모든 생사화복을 관장하는 천존신명께 드리는 천존신명축원문(168쪽)과 12월생의 운세를 관장하는 망종신장께 드리는 망종신장축원문(163쪽)과 만병통치약과 같은 소원성취축원문(150쪽)을 독송하면서 기도하면 반드시 큰 효과를 볼 수 있다.

제7장. 오복을 갖추는 비법

　사람은 누구나 많은 복을 받으며 행복하게 살기를 원한다. 그러나 자신이나 선조의 업장으로 복을 타고나지 못하면 빈천함을 면하기 어렵다. 이런 사람은 인간의 길운과 오복을 관장하는 제석대신께 드리는 제석대신축원문과 심신을 건강하게 만드는데 도움을 주는 심신건강축원문과 자신에게 해당하는 신장께 드리는 12절기 신장 축원문과 만병통치약과 같은 소원성취축원문을 독송하면서 기도하면 반드시 큰 효과를 볼 수 있을 것이다.

■ 1월생이 오복을 갖추는 비법
　1월생이 오복을 갖추려면 '오복구비(五福具備)'라고 써서 북동동 방위에 걸고, 인간의 길운과 오복을 관장하는 제석대신께 드리는 제석대신축원문(169쪽)과 심신을 건강하게 만들어주는 심신건강축

원문(170쪽)과 1월생의 운세를 관장하는 입추신장께 드리는 입추신
장축원문(152쪽)과 만병통치약과 같은 소원성취축원문(150쪽)을 독
송하면서 기도하면 반드시 큰 효과를 볼 수 있다.

■ 2월생이 오복을 갖추는 비법

2월생이 오복을 갖추려면 '오복구비(五福具備)'라고 써서 동방위
에 걸고, 인간의 길운과 오복을 관장하는 제석대신께 드리는 제석
대신축원문(169쪽)과 심신을 건강하게 만들어주는 심신건강축원문
(170쪽)과 2월생의 운세를 관장하는 백로신장께 드리는 백로신장축
원문(153쪽)과 만병통치약과 같은 소원성취축원문(150쪽)을 독송하
면서 기도하면 반드시 큰 효과를 볼 수 있다.

■ 3월생이 오복을 갖추는 비법

3월생이 오복을 갖추려면 '오복구비(五福具備)'라고 써서 남동동
방위에 걸고, 인간의 길운과 오복을 관장하는 제석대신께 드리는
제석대신축원문(169쪽)과 심신을 건강하게 만들어주는 심신건강축
원문(170쪽)과 3월생의 운세를 관장하는 한로신장께 드리는 한로신
장축원문(154쪽)과 만병통치약과 같은 소원성취축원문(150쪽)을 독
송하면서 기도하면 반드시 큰 효과를 볼 수 있다.

■ 4월생이 오복을 갖추는 비법

4월생이 오복을 갖추려면 '오복구비(五福具備)'라고 써서 남동남
방위에 걸고, 인간의 길운과 오복을 관장하는 제석대신께 드리는

제석대신축원문(169쪽)과 심신을 건강하게 만들어주는 심신건강축원문(170쪽)과 4월생의 운세를 관장하는 입동신장께 드리는 입동신장축원문(155쪽)과 만병통치약과 같은 소원성취축원문(150쪽)을 독송하면서 기도하면 반드시 큰 효과를 볼 수 있다.

■ 5월생이 오복을 갖추는 비법

5월생이 오복을 갖추려면 '오복구비(五福具備)'라고 써서 남방위에 걸고, 인간의 길운과 오복을 관장하는 제석대신께 드리는 제석대신축원문(169쪽)과 심신을 건강하게 만들어주는 심신건강축원문(170쪽)과 5월생의 운세를 관장하는 대설신장께 드리는 대설신장축원문(156쪽)과 만병통치약과 같은 소원성취축원문(150쪽)을 독송하면서 기도하면 반드시 큰 효과를 볼 수 있다.

■ 6월생이 오복을 갖추는 비법

6월생이 오복을 갖추려면 '오복구비(五福具備)'라고 써서 남서남방위에 걸고, 인간의 길운과 오복을 관장하는 제석대신께 드리는 제석대신축원문(169쪽)과 심신을 건강하게 만들어주는 심신건강축원문(170쪽)과 6월생의 운세를 관장하는 소한신장께 드리는 소한신장축원문(157쪽)과 만병통치약과 같은 소원성취축원문(150쪽)을 독송하면서 기도하면 반드시 큰 효과를 볼 수 있다.

■ 7월생이 오복을 갖추는 비법

7월생이 오복을 갖추려면 '오복구비(五福具備)'라고 써서 남서서 방위에 걸고, 인간의 길운과 오복을 관장하는 제석대신께 드리는 제석대신축원문(169쪽)과 심신을 건강하게 만들어주는 심신건강축원문(170쪽)과 7월생의 운세를 관장하는 입춘신장께 드리는 입춘신장축원문(158쪽)과 만병통치약과 같은 소원성취축원문(150쪽)을 독송하면서 기도하면 반드시 큰 효과를 볼 수 있다.

■ 8월생이 오복을 갖추는 비법

8월생이 오복을 갖추려면 '오복구비(五福具備)'라고 써서 서방위에 걸고, 인간의 길운과 오복을 관장하는 제석대신께 드리는 제석대신축원문(169쪽)과 심신을 건강하게 만들어주는 심신건강축원문(170쪽)과 8월생의 운세를 관장하는 경칩신장께 드리는 경칩신장축원문(159쪽)과 만병통치약과 같은 소원성취축원문(150쪽)을 독송하면서 기도하면 반드시 큰 효과를 볼 수 있다.

■ 9월생이 오복을 갖추는 비법

9월생이 오복을 갖추려면 '오복구비(五福具備)'라고 써서 북서서방위에 걸고, 인간의 길운과 오복을 관장하는 제석대신께 드리는 제석대신축원문(169쪽)과 심신을 건강하게 만들어주는 심신건강축원문(170쪽)과 9월생의 운세를 관장하는 청명신장께 드리는 청명신장축원문(160쪽)과 만병통치약과 같은 소원성취축원문(150쪽)을 독송하면서 기도하면 반드시 큰 효과를 볼 수 있다.

■ 10월생이 오복을 갖추는 비법

10월생이 오복을 갖추려면 '오복구비(五福具備)'라고 써서 북서북 방위에 써서 걸고, 인간의 길운과 오복을 관장하는 제석대신께 드리는 제석대신축원문(169쪽)과 심신을 건강하게 만들어주는 심신 건강축원문(170쪽)과 10월생의 운세를 관장하는 입하신장께 드리는 입하신장축원문(161쪽)과 만병통치약과 같은 소원성취축원문(150쪽)을 독송하면서 기도하면 반드시 큰 효과를 볼 수 있다.

■ 11월생이 오복을 갖추는 비법

11월생이 오복을 갖추려면 '오복구비(五福具備)'라고 써서 북방위에 걸고, 인간의 길운과 오복을 관장하는 제석대신께 드리는 제석대신축원문(169쪽)과 심신을 건강하게 만들어주는 심신건강축원문(170쪽)과 11월생의 운세를 관장하는 소서신장께 드리는 소서신장축원문(162쪽)과 만병통치약과 같은 소원성취축원문(150쪽)을 독송하면서 기도하면 반드시 큰 효과를 볼 수 있다.

■ 12월생이 오복을 갖추는 비법

12월생이 오복을 갖추려면 '오복구비(五福具備)'라고 써서 북동북 방위에 걸고, 인간의 길운과 오복을 관장하는 제석대신께 드리는 제석대신축원문(169쪽)과 심신을 건강하게 만들어주는 심신건강축원문(170쪽)과 12월생의 운세를 관장하는 망종신장께 드리는 망종신장축원문(163쪽)과 만병통치약과 같은 소원성취축원문(150쪽)을 독송하면 오복을 갖추고 소원을 빨리 이룰 수 있다.

제8장. 선조공양으로 성공하는 비법

선조는 뿌리에 해당하므로 만사가 순조롭고 출세와 성공을 하려면 먼저 선조의 도움을 받아야 한다. 만일 질병이 많이 따르거나 부부가 화목하지 못하거나 사업이 어려운 사람은 선조의 음덕을 받지 못하기 때문이다. 이런 사람은 선조의 원을 풀어주는 선조해원축원문과 자신에게 해당하는 신장께 드리는 12절기 신장축원문과 만병통치약과 같은 소원성취축원문을 독송하면서 기도하면 반드시 큰 효과를 볼 수 있을 것이다.

■ 1월생이 선조공양으로 성공하는 비법

1월생이 선조공양으로 성공하려면 북동동 방위에 낙엽이 지는 가을의 산 그림을 걸고, 선조의 원을 풀어주는 선조해원축원문(172쪽)과 1월생의 운세를 관장하는 입추신장께 드리는 입추신장축원문(152쪽)과 만병통치약과 같은 소원성취축원문(150쪽)을 독송하면서 기도하면 반드시 큰 효과를 볼 수 있다.

■ 2월생이 선조공양으로 성공하는 비법

2월생이 선조공양으로 성공하려면 동방위에 낙엽이 지는 가을 산의 그림을 걸고, 선조의 원을 풀어주는 선조해원축원문(172쪽)과 2월생의 운세를 관장하는 백로신장께 드리는 백로신장축원문(153쪽)과 만병통치약과 같은 소원성취축원문(150쪽)을 독송하면서 기도하면 반드시 큰 효과를 볼 수 있다.

■ 3월생이 선조공양으로 성공하는 비법

3월생이 선조공양으로 성공하려면 비법 서방위에 낙엽이 지는 가을 산의 그림을 걸고, 선조의 원을 풀어주는 선조해원축원문(172쪽)과 3월생의 운세를 관장하는 한로신장께 드리는 한로신장축원문(154쪽)과 만병통치약과 같은 소원성취축원문(150쪽)을 독송하면서 기도하면 반드시 큰 효과를 볼 수 있다.

■ 4월생이 선조공양으로 성공하는 비법

4월생이 선조공양으로 성공하려면 남동남 방위에 겨울철 산의 그림을 걸고, 선조의 원을 풀어주는 선조해원축원문(172쪽)과 4월생의 운세를 관장하는 입동신장께 드리는 입동신장축원문(155쪽)과 만병통치약과 같은 소원성취축원문(150쪽)을 독송하면서 기도하면 반드시 큰 효과를 볼 수 있다.

■ 5월생이 선조공양으로 성공하는 비법

5월생이 선조공양으로 성공하려면 남방위에 연못이나 강이 있는 겨울철 산의 그림을 걸고, 선조의 원을 풀어주는 선조해원축원문(172쪽)과 5월생의 운세를 관장하는 대설신장께 드리는 대설신장축원문(156쪽)과 만병통치약과 같은 소원성취축원문(150쪽)을 독송하면서 기도하면 반드시 큰 효과를 볼 수 있다.

■ 6월생이 선조공양으로 성공하는 비법

6월생이 선조공양으로 성공하려면 남서남 방위에 연못이나 강이 있는 겨울철 산의 그림을 걸고, 선조의 원을 풀어주는 선조해원축원문(172쪽)과 6월생의 운세를 관장하는 소한신장께 드리는 소한신장축원문(157쪽)과 만병통치약과 같은 소원성취축원문(150쪽)을 독송하면서 기도하면 반드시 큰 효과를 볼 수 있다.

■ 7월생이 선조공양으로 성공하는 비법

7월생이 선조공양으로 성공하려면 남서서 방위에 따뜻한 봄철 산의 그림을 걸고, 선조의 원을 풀어주는 선조해원축원문(172쪽)과 7월생의 운세를 관장하는 입춘신장께 드리는 입춘신장축원문(158쪽)과 만병통치약과 같은 소원성취축원문(150쪽)을 독송하면서 기도하면 반드시 큰 효과를 볼 수 있다.

■ 8월생이 선조공양으로 성공하는 비법

8월생이 선조공양으로 성공하려면 서방위에 따뜻한 봄철 산의 그림을 걸고, 선조의 원을 풀어주는 선조해원축원문(172쪽)과 8월생의 운세를 관장하는 경칩신장께 드리는 경칩신장축원문(159쪽)과 만병통치약과 같은 소원성취축원문(150쪽)을 독송하면서 기도하면 반드시 큰 효과를 볼 수 있다.

■ 9월생이 선조공양으로 성공하는 비법

9월생이 선조공양으로 성공하려면 북서서 방위에 따뜻한 봄철 산의 그림을 걸고, 선조의 원을 풀어주는 선조해원축원문(172쪽)과 9월생의 운세를 관장하는 청명신장께 드리는 청명신장축원문(160쪽)과 만병통치약과 같은 소원성취축원문(150쪽)을 독송하면서 기도하면 반드시 큰 효과를 볼 수 있다.

■ 10월생이 선조공양으로 성공하는 비법

10월생이 선조공양으로 성공하려면 북서북 방위에 여름철 산의 그림을 걸고, 선조의 원을 풀어주는 선조해원축원문(172쪽)과 10월생의 운세를 관장하는 입하신장께 드리는 입하신장축원문(161쪽)과 만병통치약과 같은 소원성취축원문(150쪽)을 독송하면서 기도하면 반드시 큰 효과를 볼 수 있다.

■ 11월생이 선조공양으로 성공하는 비법

11월생이 선조공양으로 성공하려면 북방위에 여름철 산의 그림을 걸고, 선조의 원을 풀어주는 선조해원축원문(172쪽)과 11월생의 운세를 관장하는 소서신장께 드리는 소서신장축원문(162쪽)과 만병통치약과 같은 소원성취축원문(150쪽)을 독송하면서 기도하면 반드시 큰 효과를 볼 수 있다.

■ 12월생이 선조공양으로 성공하는 비법

　12월생이 선조공양으로 성공하려면 북동북 방위에 여름철 산의 그림을 걸고, 선조의 원을 풀어주는 선조해원축원문(172쪽)과 12월생의 운세를 관장하는 망종신장께 드리는 망종신장축원문(163쪽)과 만병통치약과 같은 소원성취축원문(150쪽)을 독송하면서 기도하면 반드시 큰 효과를 볼 수 있다.

제9장. 염력을 강화하여 성공하는 비법

　사람은 누구나 출세와 성공을 원하나 좋은 운이 와야 하고, 좋은 운이 오게 하려면 염력을 강화시켜야 한다. 왜냐하면 운이란 사람의 마음을 따라 움직이기 때문이다. 염력이 강하면 길운을 노복처럼 부려 복을 받을 수 있고, 염력이 약하면 흉운의 노예가 되어 무수한 고통을 당하게 된다. 그리고 강한 염력과 더불어 판단을 잘해야 성공한다. 동으로 가느냐 서로 가느냐에 따라 성공과 실패가 달라지고, 올바른 판단을 하려면 많은 경험과 수양이 필요하다.

　따라서 염력을 강화시켜주는 염력강화축원문과 올바른 판단을 하는데 도움을 주는 판단선택축원문과 자신에게 해당하는 신장께 드리는 12절기 신장축원문과 만병통치약과 같은 소원성취축원문을 독송하면서 기도하면 반드시 큰 효과를 볼 수 있을 것이다.

■ 1월생이 염력을 강화하여 성공하는 비법

 1월생이 염력을 강화하여 성공하려면 북동동 방위에 '염력강화운 명개운(念力强化運命開運)'이라고 써서 걸고, 염력을 강화시켜주는 염력강화축원문(173쪽)과 올바른 판단을 하는데 도움을 주는 판단 선택축원문(174쪽)과 1월생의 운세를 관장하는 입추신장께 드리는 입추신장축원문(152쪽)과 만병통치약과 같은 소원성취축원문(150쪽)을 독송하면서 기도하면 반드시 큰 효과를 볼 수 있다.

■ 2월생이 염력을 강화하여 성공하는 비법

 2월생이 염력을 강화하여 성공하려면 북동동 방위에 '염력강화운 동방위에 '염력강화운명개운(念力强化運命開運)'이라고 써서 걸고, 염력을 강화시켜주는 염력강화축원문(173쪽)과 판단선택축원문(174쪽)과 2월생의 운세를 관장하는 백로신장께 드리는 백로신장축원문(153쪽)과 만병통치약과 같은 소원성취축원문(150쪽)을 독송하면서 기도하면 반드시 큰 효과를 볼 수 있다.

■ 3월생이 염력을 강화하여 성공하는 비법

 3월생이 염력을 강화하여 성공하려면 북동동 방위에 '염력강화운 남동동 방위에 '염력강화운명개운(念力强化運命開運)'이라고 써서 걸고, 염력을 강화시켜주는 염력강화축원문(173쪽)과 판단선택축원문(174쪽)과 3월생의 운세를 관장하는 한로신장께 드리는 한로신장축원문(154쪽)과 만병통치약과 같은 소원성취축원문(150쪽)을 독송하면서 기도하면 반드시 큰 효과를 볼 수 있다.

■ 4월생이 염력을 강화하여 성공하는 비법

4월생이 염력을 강화하여 성공하려면 북동동 방위에 '염력강화운'
남동남 방위에 '염력강화운명개운(念力强化運命開運)'이라고 써서
걸고, 염력을 강화시켜주는 염력강화축원문(173쪽)과 판단선택축원
문(174쪽)과 4월생의 운세를 관장하는 입동신장께 드리는 입동신장
축원문(155쪽)과 만병통치약과 같은 소원성취축원문(150쪽)을 독송
하면서 기도하면 반드시 큰 효과를 볼 수 있다.

■ 5월생이 염력을 강화하여 성공하는 비법

5월생이 염력을 강화하여 성공하려면 북동동 방위에 '염력강화운'
남방위에 '염력강화운명개운(念力强化運命開運)'이라고 써서 걸고,
염력을 강화시켜주는 염력강화축원문(173쪽)과 판단선택축원문(174
쪽)과 5월생의 운세를 관장하는 대설신장께 드리는 대설신장축원
문(156쪽)과 만병통치약과 같은 소원성취축원문(150쪽)을 독송하면
서 기도하면 반드시 큰 효과를 볼 수 있다.

■ 6월생이 염력을 강화하여 성공하는 비법

6월생이 염력을 강화하여 성공하려면 북동동 방위에 '염력강화운'
남서남 방위에 '염력강화운명개운(念力强化運命開運)'이라고 써서
걸고, 염력을 강화시켜주는 염력강화축원문(173쪽)과 판단선택축원
문(174쪽)과 6월생의 운세를 관장하는 소한신장께 드리는 소한신장
축원문(157쪽)과 만병통치약과 같은 소원성취축원문(150쪽)을 독송
하면서 기도하면 반드시 큰 효과를 볼 수 있다.

■ 7월생이 염력을 강화하여 성공하는 비법

7월생이 염력을 강화하여 성공하려면 북동동 방위에 '염력강화운 남서서 방위에 '염력강화운명개운(念力强化運命開運)'이라고 써서 걸고, 염력을 강화시켜주는 염력강화축원문(173쪽)과 판단선택축원문(174쪽)과 7월생의 운세를 관장하는 입춘신장께 드리는 입춘신장축원문(158쪽)과 만병통치약과 같은 소원성취축원문(150쪽)을 독송하면서 기도하면 반드시 큰 효과를 볼 수 있다.

■ 8월생이 염력을 강화하여 성공하는 비법

8월생이 염력을 강화하여 성공하려면 북동동 방위에 '염력강화운 서방위에 '염력강화운명개운(念力强化運命開運)'이라고 써서 걸고, 염력을 강화시켜주는 염력강화축원문(173쪽)과 판단선택축원문(174쪽)과 8월생의 운세를 관장하는 경칩신장께 드리는 경칩신장축원문(159쪽)과 만병통치약과 같은 소원성취축원문(150쪽)을 독송하면서 기도하면 반드시 큰 효과를 볼 수 있다.

■ 9월생이 염력을 강화하여 성공하는 비법

9월생이 염력을 강화하여 성공하려면 북동동 방위에 '염력강화운 북서서 방위에 '염력강화운명개운(念力强化運命開運)'이라고 써서 걸고, 염력을 강화시켜주는 염력강화축원문(173쪽)과 판단선택축원문(174쪽)과 9월생의 운세를 관장하는 청명신장께 드리는 청명신장축원문(160쪽)과 만병통치약과 같은 소원성취축원문(150쪽)을 독송하면서 기도하면 반드시 큰 효과를 볼 수 있다.

■ 10월생이 염력을 강화하여 성공하는 비법

10월생이 염력을 강화하여 성공하려면 북동동 방위에 '염력강화운북서북 방위에 '염력강화운명개운(念力强化運命開運)'이라고 써서 걸고, 염력을 강화시켜주는 염력강화축원문(173쪽)과 판단선택축원문(174쪽)과 10월생의 운세를 관장하는 입하신장께 드리는 입하신장축원문(161쪽)과 만병통치약과 같은 소원성취축원문(150쪽)을 독송하면서 기도하면 반드시 큰 효과를 볼 수 있다.

■ 11월생이 염력을 강화하여 성공하는 비법

11월생이 염력을 강화하여 성공하려면 북동동 방위에 '염력강화운북방위에 '염력강화운명개운(念力强化運命開運)'이라고 써서 걸고, 염력을 강화시켜주는 염력강화축원문(173쪽)과 판단선택축원문(174쪽)과 11월생의 운세를 관장하는 소서신장께 드리는 소서신장축원문(162쪽)과 만병통치약과 같은 소원성취축원문(150쪽)을 독송하면서 기도하면 반드시 큰 효과를 볼 수 있다.

■ 12월생이 염력을 강화하여 성공하는 비법

12월생이 염력을 강화하여 성공하려면 북동동 방위에 '염력강화운북동북 방위에 '염력강화운명개운(念力强化運命開運)'이라고 써서 걸고, 염력을 강화시켜주는 염력강화축원문(173쪽)과 판단선택축원문(174쪽)과 12월생의 운세를 관장하는 망종신장께 드리는 망종신장축원문(163쪽)과 만병통치약과 같은 소원성취축원문(150쪽)을 독송하면서 기도하면 반드시 큰 효과를 볼 수 있다.

제10장. 사업으로 성공하는 비법

사업을 할 때도 무조건 열심히 한다고 하여 성공하는 것이 아니라 일정한 법칙을 따라야 한다. 성공의 법칙에 어긋나면 아무리 노력해도 이루기 어렵다. 그 법칙은 사업성공축원문 속에 다 포함되어 있으니, 사업으로 성공하려면 사업성공축원문과 금전운을 관장하는 금고대신께 드리는 금고대신축원문과 자신에게 해당하는 신장께 드리는 12절기 신장축원문과 만병통치약과 같은 소원성취축원문을 독송하면서 기도하면 반드시 큰 효과를 볼 수 있다.

■ 1월생이 사업으로 성공하는 비법

1월생이 사업으로 성공하려면 북동동 방위에 '사업성공금고대신(事業成功金庫大神)'이라고 써서 걸고, 사업성공축원문(175쪽)과 금전운을 관장하는 금고대신께 드리는 금고대신축원문(176쪽)과 1

월생의 운세를 관장하는 입추신장께 드리는 입추신장축원문(152쪽)과 만병통치약과 같은 소원성취축원문(150쪽)을 독송하면서 기도하면 반드시 큰 효과를 볼 수 있다.

■ 2월생이 사업으로 성공하는 비법

2월생이 사업으로 성공하려면 동방위에 '사업성공금고대신(事業成功金庫大神)'이라고 써서 걸고, 사업성공축원문(175쪽)과 금전운을 관장하는 금고대신께 드리는 금고대신축원문(176쪽)과 2월생의 운세를 관장하는 백로신장께 드리는 백로신장축원문(153쪽)과 만병통치약과 같은 소원성취축원문(150쪽)을 독송하면서 기도하면 반드시 큰 효과를 볼 수 있다.

■ 3월생이 사업으로 성공하는 비법

3월생이 사업으로 성공하려면 남동동 방위에 '사업성공금고대신(事業成功金庫大神)'이라고 써서 걸고, 사업성공축원문(175쪽)과 금전운을 관장하는 금고대신께 드리는 금고대신축원문(176쪽)과 3월생의 운세를 관장하는 한로신장께 드리는 한로신장축원문(154쪽)과 만병통치약과 같은 소원성취축원문(150쪽)을 독송하면서 기도하면 반드시 큰 효과를 볼 수 있다.

■ 4월생이 사업으로 성공하는 비법

4월생이 사업으로 성공하려면 남동남 방위에 '사업성공금고대신(事業成功金庫大神)'이라고 써서 걸고, 사업성공축원문(175쪽)과 금전운을 관장하는 금고대신께 드리는 금고대신축원문(176쪽)과 4월생의 운세를 관장하는 입동신장께 드리는 입동신장축원문(155쪽)과 만병통치약과 같은 소원성취축원문(150쪽)을 독송하면서 기도하면 반드시 큰 효과를 볼 수 있다.

■ 5월생이 사업으로 성공하는 비법

5월생이 사업으로 성공하려면 남방위에 '사업성공금고대신(事業成功金庫大神)'이라고 써서 걸고, 사업성공축원문(175쪽)과 금전운을 관장하는 금고대신께 드리는 금고대신축원문(176쪽)과 5월생의 운세를 관장하는 대설신장께 드리는 대설신장축원문(156쪽)과 만병통치약과 같은 소원성취축원문(150쪽)을 독송하면서 기도하면 반드시 큰 효과를 볼 수 있다.

■ 6월생이 사업으로 성공하는 비법

6월생이 사업으로 성공하려면 남서남 방위에 '사업성공금고대신(事業成功金庫大神)'이라고 써서 걸고, 사업성공축원문(175쪽)과 금전운을 관장하는 금고대신께 드리는 금고대신축원문(176쪽)과 6월생의 운세를 관장하는 소한신장께 드리는 소한신장축원문(157쪽)과 만병통치약과 같은 소원성취축원문(150쪽)을 독송하면서 기도하면 반드시 큰 효과를 볼 수 있다.

■ 7월생이 사업으로 성공하는 비법

7월생이 사업으로 성공하려면 남서서 방위에 '사업성공금고대신

(事業成功金庫大神)'이라고 써서 걸고, 사업성공축원문(175쪽)과 금전운을 관장하는 금고대신께 드리는 금고대신축원문(176쪽)과 7월생의 운세를 관장하는 입춘신장께 드리는 입춘신장축원문(158쪽)과 만병통치약과 같은 소원성취축원문(150쪽)을 독송하면서 기도하면 반드시 큰 효과를 볼 수 있다.

■ 8월생이 사업으로 성공하는 비법

8월생이 사업으로 성공하려면 서방위에 '사업성공금고대신(事業成功金庫大神)'이라고 써서 걸고, 사업성공축원문(175쪽)과 금전운을 관장하는 금고대신께 드리는 금고대신축원문(176쪽)과 8월생의 운세를 관장하는 경칩신장께 드리는 경칩신장축원문(159쪽)과 만병통치약과 같은 소원성취축원문(150쪽)을 독송하면서 기도하면 반드시 큰 효과를 볼 수 있다.

■ 9월생이 사업으로 성공하는 비법

9월생이 사업으로 성공하려면 북서서 방위에 '사업성공금고대신(事業成功金庫大神)'이라고 써서 걸고, 사업성공축원문(175쪽)과 금전운을 관장하는 금고대신께 드리는 금고대신축원문(176쪽)과 9월생의 운세를 관장하는 청명신장께 드리는 청명신장축원문(160쪽)과 만병통치약과 같은 소원성취축원문(150쪽)을 독송하면서 기도하면 반드시 큰 효과를 볼 수 있다.

■ 10월생이 사업으로 성공하는 비법

10월생이 사업으로 성공하려면 북서북 방위에 '사업성공금고대신(事業成功金庫大神)'이라고 써서 걸고, 사업성공축원문(175쪽)과 금전운을 관장하는 금고대신께 드리는 금고대신축원문(176쪽)과 10월생의 운세를 관장하는 입하신장께 드리는 입하신장축원문(161쪽)과 만병통치약과 같은 소원성취축원문(150쪽)을 독송하면서 기도하면 반드시 큰 효과를 볼 수 있다.

■ 11월생이 사업으로 성공하는 비법

11월생이 사업으로 성공하려면 북방위에 '사업성공금고대신(事業成功金庫大神)'이라고 써서 걸고, 사업성공축원문(175쪽)과 금전운을 관장하는 금고대신께 드리는 금고대신축원문(176쪽)과 11월생의 운세를 관장하는 소서신장께 드리는 소서신장축원문(162쪽)과 만병통치약과 같은 소원성취축원문(150쪽)을 독송하면서 기도하면 반드시 큰 효과를 볼 수 있다.

■ 12월생이 사업으로 성공하는 비법

12월생이 사업으로 성공하려면 북동북 방위에 '사업성공금고대신(事業成功金庫大神)'이라고 써서 걸고, 사업성공축원문(175쪽)과 금전운을 관장하는 금고대신께 드리는 금고대신축원문(176쪽)과 12월생의 운세를 관장하는 망종신장께 드리는 망종신장축원문(163쪽)과 만병통치약과 같은 소원성취축원문(150쪽)을 독송하면서 기도하면 반드시 큰 효과를 볼 수 있다.

제11장. 부동산으로 성공하는 비법

　사람들은 누구나 넓고 좋은 집이나 땅 등의 부동산을 갖고 싶어 한다. 그러나 부동산운이 없으면 아무리 노력해도 어렵다. 부동산이나 부동산업으로 성공하려면 토지를 관장하는 토지대신께 드리는 토지대신축원문과 금전운을 관장하는 금고대신께 드리는 금고대신축원문과 자신에게 해당하는 신장께 드리는 12절기 신장축원문과 만병통치약과 같은 소원성취축원문을 독송하면서 기도하면 반드시 큰 효과를 볼 수 있을 것이다.

■ 1월생이 부동산으로 성공하는 비법
　1월생이 부동산으로 성공하려면 북동동 방위에 낙엽이 지는 가을 산의 그림을 걸고, 토지를 관장하는 토지대신께 드리는 토지대신축원문(177쪽)과 금전운을 관장하는 금고대신께 드리는 금고대신축

원문(176쪽)과 1월생의 운세를 관장하는 입추신장께 드리는 입추신
장축원문(152쪽)과 만병통치약과 같은 소원성취축원문(150쪽)을 독
송하면서 기도하면 부동산으로 성공할 수 있다.

■ 2월생이 부동산으로 성공하는 비법

 2월생이 부동산으로 성공하려면 동방위에 낙엽이 지는 가을 산의
그림을 걸고, 토지를 관장하는 토지대신께 드리는 토지대신축원문
(177쪽)과 금전운을 관장하는 금고대신께 드리는 금고대신축원문
(176쪽)과 2월생의 운세를 관장하는 백로신장께 드리는 백로신장축
원문(153쪽)과 만병통치약과 같은 소원성취축원문(150쪽)을 독송하
면서 기도하면 부동산으로 성공할 수 있다.

■ 3월생이 부동산으로 성공하는 비법

 3월생이 부동산으로 성공하려면 서방위에 낙엽이 지는 가을 산의
그림을 걸고, 토지를 관장하는 토지대신께 드리는 토지대신축원문
(177쪽)과 금전운을 관장하는 금고대신께 드리는 금고대신축원문
(176쪽)과 3월생의 운세를 관장하는 한로신장께 드리는 한로신장축
원문(154쪽)과 만병통치약과 같은 소원성취축원문(150쪽)을 독송하
면서 기도하면 부동산으로 성공할 수 있다.

■ 4월생이 부동산으로 성공하는 비법

 4월생이 부동산으로 성공하려면 남동남 방위에 겨울철 산의 그림
을 걸고, 토지를 관장하는 토지대신께 드리는 토지대신축원문(177

쪽)과 금전운을 관장하는 금고대신께 드리는 금고대신축원문(176쪽)과 4월생의 운세를 관장하는 입동신장께 드리는 입동신장축원문(155쪽)과 만병통치약과 같은 소원성취축원문(150쪽)을 독송하면서 기도하면 부동산으로 성공할 수 있다.

■ 5월생이 부동산으로 성공하는 비법

5월생이 부동산으로 성공하려면 남방위에 연못이나 강이 있는 겨울철 산의 그림을 걸고, 토지를 관장하는 토지대신께 드리는 토지대신축원문(177쪽)과 금전운을 관장하는 금고대신께 드리는 금고대신축원문(176쪽)과 5월생의 운세를 관장하는 대설신장께 드리는 대설신장축원문(156쪽)과 만병통치약과 같은 소원성취축원문(150쪽)을 독송하면서 기도하면 부동산으로 성공할 수 있다.

■ 6월생이 부동산으로 성공하는 비법

6월생이 부동산으로 성공하려면 남서남 방위에 연못이나 강이 있는 겨울철 산의 그림을 걸고, 토지를 관장하는 토지대신께 드리는 토지대신축원문(177쪽)과 금전운을 관장하는 금고대신께 드리는 금고대신축원문(176쪽)과 6월생의 운세를 관장하는 소한신장께 드리는 소한신장축원문(157쪽)과 만병통치약과 같은 소원성취축원문(150쪽)을 독송하면서 기도하면 부동산으로 성공할 수 있다.

■ 7월생이 부동산으로 성공하는 비법

7월생이 부동산으로 성공하려면 남서서 방위에 따뜻한 봄철 산의

그림을 걸고, 토지를 관장하는 토지대신께 드리는 토지대신축원문
(177쪽)과 금전운을 관장하는 금고대신께 드리는 금고대신축원문
(176쪽)과 7월생의 운세를 관장하는 입춘신장께 드리는 입춘신장축
원문(158쪽)과 만병통치약과 같은 소원성취축원문(150쪽)을 독송하
면서 기도하면 부동산으로 성공할 수 있다.

■ 8월생이 부동산으로 성공하는 비법

 8월생이 부동산으로 성공하려면 서방위에 따뜻한 봄철 산의 그림
을 걸고, 토지를 관장하는 토지대신께 드리는 토지대신축원문(177
쪽)과 금전운을 관장하는 금고대신께 드리는 금고대신축원문(176
쪽)과 8월생의 운세를 관장하는 경칩신장께 드리는 경칩신장축원
문(159쪽)과 만병통치약과 같은 소원성취축원문(150쪽)을 독송하면
서 기도하면 부동산으로 성공할 수 있다.

■ 9월생이 부동산으로 성공하는 비법

 9월생이 부동산으로 성공하려면 북서서 방위에 따뜻한 봄철 산의
그림을 걸고, 토지를 관장하는 토지대신께 드리는 토지대신축원문
(177쪽)과 금전운을 관장하는 금고대신께 드리는 금고대신축원문
(176쪽)과 9월생의 운세를 관장하는 청명신장께 드리는 청명신장축
원문(160쪽)과 만병통치약과 같은 소원성취축원문(150쪽)을 독송하
면서 기도하면 부동산으로 성공할 수 있다.

■ 10월생이 부동산으로 성공하는 비법

10월생이 부동산으로 성공하려면 북서북 방위에 여름철 산의 그림을 걸고, 토지를 관장하는 토지대신께 드리는 토지대신축원문(177쪽)과 금전운을 관장하는 금고대신께 드리는 금고대신축원문(176쪽)과 10월생의 운세를 관장하는 입하신장께 드리는 입하신장축원문(161쪽)과 만병통치약과 같은 소원성취축원문(150쪽)을 독송하면서 기도하면 부동산으로 성공할 수 있다.

■ 11월생이 부동산으로 성공하는 비법

11월생이 부동산으로 성공하려면 북방위에 여름철 산의 그림을 걸고, 토지를 관장하는 토지대신께 드리는 토지대신축원문(177쪽)과 금전운을 관장하는 금고대신께 드리는 금고대신축원문(176쪽)과 11월생의 운세를 관장하는 소서신장께 드리는 소서신장축원문(162쪽)과 만병통치약과 같은 소원성취축원문(150쪽)을 독송하면서 기도하면 부동산으로 성공할 수 있다.

■ 12월생이 부동산으로 성공하는 비법

12월생이 부동산으로 성공하려면 북동북 방위에 여름철 산의 그림을 걸고, 토지를 관장하는 토지대신께 드리는 토지대신축원문(177쪽)과 금전운을 관장하는 금고대신께 드리는 금고대신축원문(176쪽)과 12월생의 운세를 관장하는 망종신장께 드리는 망종신장축원문(163쪽)과 만병통치약과 같은 소원성취축원문(150쪽)을 독송하면서 기도하면 부동산으로 성공할 수 있다.

제12장. 삼재를 막는 비법

삼재(三災)란 질병·파산·사고·이혼·전쟁·흉년·기아 등 인간사에서 벌어지는 흉한 일을 말하는데, 누구나 반드시 12년에 1번 들어와 3년 동안 지속된다. 삼재가 들었을 때는 삼재를 소멸시켜주는 삼재소멸축원문과 처세를 안전하게 하는데 도움을 주는 처세안전축원문과 자신에게 해당하는 신장께 드리는 12절기 신장축원문과 만병통치약과 같은 소원성취축원문을 독송하면서 기도하면 반드시 큰 효과를 볼 수 있다.

— 원숭이띠·쥐띠·용띠는 호랑이해·토끼해·용해에 든다.
— 돼지띠·토끼띠·양띠는 뱀해·말해·양해에 든다.
— 호랑이띠·말띠·개띠는 원숭이해·닭해·개해에 든다.
— 뱀띠·닭띠·소띠는 돼지해·쥐해·소해에 든다.

삼재 대조표

年支	三災
申 · 子 · 辰年	寅 · 卯 · 辰年
亥 · 卯 · 未年	巳 · 午 · 未年
寅 · 午 · 戌年	申 · 酉 · 戌年
巳 · 酉 · 丑年	亥 · 子 · 丑年

■ 1월생이 삼재를 막는 비법

1월생이 삼재가 들었으면 북동동 방위에 '삼재소멸일심기원(三災消滅一心祈願)'이라고 써서 걸고, 삼재를 소멸시켜주는 삼재소멸축원문(178쪽)과 처세를 안전하게 하는데 도움을 주는 처세안전축원문(179쪽)과 1월생의 운세를 관장하는 입추신장께 드리는 입추신장축원문(152쪽)과 만병통치약과 같은 소원성취축원문(150쪽)을 독송하면서 기도하면 안전하게 지나갈 수 있다.

■ 2월생이 삼재를 막는 비법

2월생이 삼재가 들었으면 동방위에 '삼재소멸일심기원(三災消滅一心祈願)'이라고 써서 걸고, 삼재를 소멸시켜주는 삼재소멸축원문(178쪽)과 처세를 안전하게 하는데 도움을 주는 처세안전축원문(179쪽)과 2월생의 운세를 관장하는 백로신장께 드리는 백로신장축원문(153쪽)과 만병통치약과 같은 소원성취축원문(150쪽)을 독송하면서 기도하면 안전하게 지나갈 수 있다.

■ 3월생이 삼재를 막는 비법

3월생이 삼재가 들었으면 남동동 방위에 '삼재소멸일심기원(三災消滅一心祈願)'이라고 써서 걸고, 삼재를 소멸시켜주는 삼재소멸축원문(178쪽)과 처세를 안전하게 하는데 도움을 주는 처세안전축원문(179쪽)과 3월생의 운세를 관장하는 한로신장께 드리는 한로신장축원문(154쪽)과 만병통치약과 같은 소원성취축원문(150쪽)을 독송하면서 기도하면 안전하게 지나갈 수 있다.

■ 4월생이 삼재를 막는 비법

4월생이 삼재가 들었으면 남동남 방위에 '삼재소멸일심기원(三災消滅一心祈願)'이라고 써서 걸고, 삼재를 소멸시켜주는 삼재소멸축원문(178쪽)과 처세를 안전하게 하는데 도움을 주는 처세안전축원문(179쪽)과 4월생의 운세를 관장하는 입동신장께 드리는 입동신장축원문(155쪽)과 만병통치약과 같은 소원성취축원문(150쪽)을 독송하면서 기도하면 안전하게 지나갈 수 있다.

■ 5월생이 삼재를 막는 비법

5월생이 삼재가 들었으면 남방위에 '삼재소멸일심기원(三災消滅一心祈願)'이라고 써서 걸고, 삼재를 소멸시켜주는 삼재소멸축원문(178쪽)과 처세를 안전하게 하는데 도움을 주는 처세안전축원문(179쪽)과 5월생의 운세를 관장하는 대설신장께 드리는 대설신장축원문(156쪽)과 만병통치약과 같은 소원성취축원문(150쪽)을 독송하면서 기도하면 안전하게 지나갈 수 있다.

■ 6월생이 삼재를 막는 비법

6월생이 삼재가 들었으면 남서남 방위에 '삼재소멸일심기원(三災消滅一心祈願)'이라고 써서 걸고, 삼재를 소멸시켜주는 삼재소멸축원문(178쪽)과 처세를 안전하게 하는데 도움을 주는 처세안전축원문(179쪽)과 6월생의 운세를 관장하는 소한신장께 드리는 소한신장축원문(157쪽)과 만병통치약과 같은 소원성취축원문(150쪽)을 독송하면서 기도하면 안전하게 지나갈 수 있다.

■ 7월생이 삼재를 막는 비법

7월생이 삼재가 들었으면 남서서 방위에 '삼재소멸일심기원(三災消滅一心祈願)'이라고 써서 걸고, 삼재를 소멸시켜주는 삼재소멸축원문(178쪽)과 처세를 안전하게 하는데 도움을 주는 처세안전축원문(179쪽)과 7월생의 운세를 관장하는 입춘신장께 드리는 입춘신장축원문(158쪽)과 만병통치약과 같은 소원성취축원문(150쪽)을 독송하면서 기도하면 안전하게 지나갈 수 있다.

■ 8월생이 삼재를 막는 비법

8월생이 삼재가 들었으면 서방위에 '삼재소멸일심기원(三災消滅一心祈願)'이라고 써서 걸고, 삼재를 소멸시켜주는 삼재소멸축원문(178쪽)과 처세를 안전하게 하는데 도움을 주는 처세안전축원문(179쪽)과 8월생의 운세를 관장하는 경칩신장께 드리는 경칩신장축원문(159쪽)과 만병통치약과 같은 소원성취축원문(150쪽)을 독송하면서 기도하면 안전하게 지나갈 수 있다.

■ 9월생이 삼재를 막는 비법

9월생이 삼재가 들었으면 북서서 방위에 '삼재소멸일심기원(三災消滅一心祈願)'이라고 써서 걸고, 삼재를 소멸시켜주는 삼재소멸축원문(178쪽)과 처세를 안전하게 하는데 도움을 주는 처세안전축원문(179쪽)과 9월생의 운세를 관장하는 청명신장께 드리는 청명신장축원문(160쪽)과 만병통치약과 같은 소원성취축원문(150쪽)을 독송하면서 기도하면 안전하게 지나갈 수 있다.

■ 10월생이 삼재를 막는 비법

10월생이 삼재가 들었으면 북서북 방위에 '삼재소멸일심기원(三災消滅一心祈願)'이라고 써서 걸고, 삼재를 소멸시켜주는 삼재소멸축원문(178쪽)과 처세를 안전하게 하는데 도움을 주는 처세안전축원문(179쪽)과 10월생의 운세를 관장하는 입하신장께 드리는 입하신장축원문(161쪽)과 만병통치약과 같은 소원성취축원문(150쪽)을 독송하면서 기도하면 안전하게 지나갈 수 있다.

■ 11월생이 삼재를 막는 비법

11월생이 삼재가 들었으면 북방위에 '삼재소멸일심기원(三災消滅一心祈願)'이라고 써서 걸고, 삼재를 소멸시켜주는 삼재소멸축원문(178쪽)과 처세를 안전하게 하는데 도움을 주는 처세안전축원문(179쪽)과 11월생의 운세를 관장하는 소서신장께 드리는 소서신장축원문(162쪽)과 만병통치약과 같은 소원성취축원문(150쪽)을 독송하면서 기도하면 안전하게 지나갈 수 있다.

■ 12월생이 삼재를 막는 비법

12월생이 삼새가 들었으면 북동북 방위에 '삼재소멸일심기원(三災消滅一心祈願)'이라고 써서 걸고, 삼재를 소멸시켜주는 삼재소멸축원문(178쪽)과 처세를 안전하게 하는데 도움을 주는 처세안전축원문(179쪽)과 12월생의 운세를 관장하는 망종신장께 드리는 망종신장축원문(163쪽)과 만병통치약과 같은 소원성취축원문(150쪽)을 독송하면서 기도하면 안전하게 지나갈 수 있다.

제13장. 신변의 안전을 지키는 비법

　우리는 언제나 위험한 상황에 놓일 수 있고, 강도나 납치범이나 사기꾼을 만날 수도 있다. 이런 상황을 예방하려면 항상 조심하면서 우리의 주변을 지켜주는 수호신장께 드리는 수호신장축원문과 자신에게 해당하는 신장께 드리는 12절기 신장축원문과 만병통치약과 같은 소원성취축원문을 독송하면서 기도하면 반드시 큰 효과를 볼 수 있다.

■ 1월생이 신변의 안전을 지키는 비법
　1월생은 북동동 방위에 '신변안전신명가호(身邊安全神明加護)'라고 써서 걸고, 항상 우리의 주변을 지켜주는 수호신장께 드리는 수호신장축원문(180쪽)과 1월생의 운세를 관장하는 입추신장께 드리는 입추신장축원문(152쪽)과 만병통치약과 같은 소원성취축원문

(150쪽)을 독송하면서 기도하면 반드시 큰 효과를 볼 수 있다.

■ 2월생이 신변의 안전을 지키는 비법

2월생은 동방위에 '신변안전신명가호(身邊安全神明加護)'라고 써서 걸고, 항상 우리의 주변을 지켜주는 수호신장께 드리는 수호신장축원문(180쪽)과 2월생의 운세를 관장하는 백로신장께 드리는 백로신장축원문(153쪽)과 만병통치약과 같은 소원성취축원문(150쪽)을 독송하면서 기도하면 반드시 큰 효과를 볼 수 있다.

■ 3월생이 신변의 안전을 지키는 비법

3월생은 남동동 방위에 '신변안전신명가호(身邊安全神明加護)'라고 써서 걸고, 항상 우리의 주변을 지켜주는 수호신장께 드리는 수호신장축원문(180쪽)과 3월생의 운세를 관장하는 한로신장께 드리는 한로신장축원문(154쪽)과 만병통치약과 같은 소원성취축원문(150쪽)을 독송하면서 기도하면 반드시 큰 효과를 볼 수 있다.

■ 4월생이 신변의 안전을 지키는 비법

4월생은 남동남 방위에 '신변안전신명가호(身邊安全神明加護)'라고 써서 걸고, 항상 우리의 주변을 지켜주는 수호신장께 드리는 수호신장축원문(180쪽)과 4월생의 운세를 관장하는 입동신장께 드리는 입동신장축원문(155쪽)과 만병통치약과 같은 소원성취축원문(150쪽)을 독송하면서 기도하면 반드시 큰 효과를 볼 수 있다.

■ 5월생이 신변의 안전을 지키는 비법

5월생은 남방위에 '신변안전신명가호(身邊安全神明加護)'라고 써서 걸고, 항상 우리의 주변을 지켜주는 수호신장께 드리는 수호신장축원문(180쪽)과 5월생의 운세를 관장하는 대설신장께 드리는 대설신장축원문(156쪽)과 만병통치약과 같은 소원성취축원문(150쪽)을 독송하면서 기도하면 반드시 큰 효과를 볼 수 있다.

■ 6월생이 신변의 안전을 지키는 비법

6월생은 남서남 방위에 '신변안전신명가호(身邊安全神明加護)'라고 써서 걸고, 항상 우리의 주변을 지켜주는 수호신장께 드리는 수호신장축원문(180쪽)과 6월생의 운세를 관장하는 소한신장께 드리는 소한신장축원문(157쪽)과 만병통치약과 같은 소원성취축원문(150쪽)을 독송하면서 기도하면 반드시 큰 효과를 볼 수 있다.

■ 7월생이 신변의 안전을 지키는 비법

7월생은 남서서 방위에 '신변안전신명가호(身邊安全神明加護)'라고 써서 걸고, 항상 우리의 주변을 지켜주는 수호신장께 드리는 수호신장축원문(180쪽)과 7월생의 운세를 관장하는 입춘신장께 드리는 입춘신장축원문(158쪽)과 만병통치약과 같은 소원성취축원문(150쪽)을 독송하면서 기도하면 반드시 큰 효과를 볼 수 있다.

■ 8월생이 신변의 안전을 지키는 비법

8월생은 서방위에 '신변안전신명가호(身邊安全神明加護)'라고 써서 걸고, 항상 우리의 주변을 지켜주는 수호신장께 드리는 수호신장축원문(180쪽)과 8월생의 운세를 관장하는 경칩신장께 드리는 경칩신장축원문(159쪽)과 만병통치약과 같은 소원성취축원문(150쪽)을 독송하면서 기도하면 반드시 큰 효과를 볼 수 있다.

■ 9월생이 신변의 안전을 지키는 비법

9월생은 북서서 방위에 '신변안전신명가호(身邊安全神明加護)'라고 써서 걸고, 항상 우리의 주변을 지켜주는 수호신장께 드리는 수호신장축원문(180쪽)과 9월생의 운세를 관장하는 청명신장께 드리는 청명신장축원문(160쪽)과 만병통치약과 같은 소원성취축원문(150쪽)을 독송하면서 기도하면 반드시 큰 효과를 볼 수 있다.

■ 10월생이 신변의 안전을 지키는 비법

10월생은 북서북 방위에 '신변안전신명가호(身邊安全神明加護)'라고 써서 걸고, 항상 우리의 주변을 지켜주는 수호신장께 드리는 수호신장축원문(180쪽)과 10월생의 운세를 관장하는 입하신장께 드리는 입하신장축원문(161쪽)과 만병통치약과 같은 소원성취축원문(150쪽)을 독송하면서 기도하면 반드시 큰 효과를 볼 수 있다.

■ 11월생이 신변의 안전을 지키는 비법

11월생은 북방위에 '신변안전신명가호(身邊安全神明加護)'라고 써서 걸고, 항상 우리의 주변을 지켜주는 수호신장께 드리는 수호신장축원문(180쪽)과 11월생의 운세를 관장하는 소서신장께 드리는 소서신장축원문(162쪽)과 만병통치약과 같은 소원성취축원문(150쪽)을 독송하면서 기도하면 반드시 큰 효과를 볼 수 있다.

■ 12월생이 신변의 안전을 지키는 비법

12월생은 북동북 방위에 '신변안전신명가호(身邊安全神明加護)'라고 써서 걸고, 항상 우리의 주변을 지켜주는 수호신장께 드리는 수호신장축원문(180쪽)과 12월생의 운세를 관장하는 망종신장께 드리는 망종신장축원문(163쪽)과 만병통치약과 같은 소원성취축원문(150쪽)을 독송하면서 기도하면 반드시 큰 효과를 볼 수 있다.

제14장. 소소한 장해를 막는 비법

사람들이 많이 모여 살다보면 여러 가지 문제가 생기기 마련이다. 이유없이 오해나 미움을 받기도 하고, 질투의 대상이 되기도 한다. 작은 일이라도 반복되면 스트레스를 받고, 스트레스가 쌓이면 병이 되니 그때 그때 해결하는 것이 좋다. 소소한 장해물을 제거하려면 높은 신명의 심부름을 하는 동자신명께 드리는 동자신명축원문과 선녀신명께 드리는 선녀신명축원문과 자신에게 해당하는 신장께 드리는 12절기 신장축원문과 만병통치약과 같은 소원성취축원문을 독송하면서 기도하면 반드시 큰 효과를 볼 수 있을 것이다.

■ 1월생이 소소한 장해를 제거하는 비법

1월생이 소소한 장해를 제거하려면 북동동 방위에 '제장해물급속 제거(諸障害物急速除去)'라고 써서 걸고, 높은 신의 심부름을 하는 동자신명께 드리는 동자신명축원문(181쪽)과 선녀신명께 드리는 선녀신명축원문(182쪽)과 1월생의 운세를 관장하는 입추신장께 드리는 입추신장축원문(152쪽)과 만병통치약과 같은 소원성취축원문(150쪽)을 독송하면서 기도하면 반드시 큰 효과를 볼 수 있다.

■ 2월생이 소소한 장해를 제거하는 비법

2월생이 소소한 장해를 제거하려면 동방위에 '제장해물급속제거(諸障害物急速除去)'라고 써서 걸고, 높은 신의 심부름을 하는 동자신명께 드리는 동자신명축원문(181쪽)과 선녀신명께 드리는 선녀신명축원문(182쪽)과 2월생의 운세를 관장하는 백로신장께 드리는 백로신장축원문(153쪽)과 만병통치약과 같은 소원성취축원문(150쪽)을 독송하면서 기도하면 반드시 큰 효과를 볼 수 있다.

■ 3월생이 소소한 장해를 제거하는 비법

3월생이 소소한 장해를 제거하려면 남동동 방위에 '제장해물급속제거(諸障害物急速除去)'라고 써서 걸고, 높은 신의 심부름을 하는 동자신명께 드리는 동자신명축원문(181쪽)과 선녀신명께 드리는 선녀신명축원문(182쪽)과 3월생의 운세를 관장하는 한로신장께 드리는 한로신장축원문(154쪽)과 만병통치약과 같은 소원성취축원문(150쪽)을 독송하면서 기도하면 반드시 큰 효과를 볼 수 있다.

■ 4월생이 소소한 장해를 제거하는 비법

4월생이 소소한 장해를 제거하려면 남동남 방위에 '제장해물급속

제거(諸障害物急速除去)'라고 써서 걸고, 높은 신의 심부름을 하는 동자신명께 드리는 동자신명축원문(181쪽)과 선녀신명께 드리는 선녀신명축원문(182쪽)과 4월생의 운세를 관장하는 입동신장께 드리는 입동신장축원문(155쪽)과 만병통치약과 같은 소원성취축원문(150쪽)을 독송하면서 기도하면 반드시 큰 효과를 볼 수 있다.

■ 5월생이 소소한 장해를 제거하는 비법

5월생이 소소한 장해를 제거하려면 남방위에 '제장해물급속제거(諸障害物急速除去)'라고 써서 걸고, 높은 신의 심부름을 하는 동자신명께 드리는 동자신명축원문(181쪽)과 선녀신명께 드리는 선녀신명축원문(182쪽)과 5월생의 운세를 관장하는 대설신장께 드리는 대설신장축원문(156쪽)과 만병통치약과 같은 소원성취축원문(150쪽)을 독송하면서 기도하면 반드시 큰 효과를 볼 수 있다.

■ 6월생이 소소한 장해를 제거하는 비법

6월생이 소소한 장해를 제거하려면 남서남 방위에 '제장해물급속제거(諸障害物急速除去)'라고 써서 걸고, 높은 신의 심부름을 하는 동자신명께 드리는 동자신명축원문(181쪽)과 선녀신명께 드리는 선녀신명축원문(182쪽)과 6월생의 운세를 관장하는 소한신장께 드리는 소한신장축원문(157쪽)과 만병통치약과 같은 소원성취축원문(150쪽)을 독송하면서 기도하면 반드시 큰 효과를 볼 수 있다.

■ 7월생이 소소한 장해를 제거하는 비법

7월생이 소소한 장해를 제거하려면 남서서 방위에 '제장해물급속제거(諸障害物急速除去)'라고 써서 걸고, 높은 신의 심부름을 하는 동자신명께 드리는 동자신명축원문(181쪽)과 선녀신명께 드리는 선녀신명축원문(182쪽)과 7월생의 운세를 관장하는 입춘신장께 드리는 입춘신장축원문(158쪽)과 만병통치약과 같은 소원성취축원문(150쪽)을 독송하면서 기도하면 반드시 큰 효과를 볼 수 있다.

■ 8월생이 소소한 장해를 제거하는 비법

8월생이 소소한 장해를 제거하려면 서방위에 '제장해물급속제거(諸障害物急速除去)'라고 써서 걸고, 높은 신의 심부름을 하는 동자신명께 드리는 동자신명축원문(181쪽)과 선녀신명께 드리는 선녀신명축원문(182쪽)과 8월생의 운세를 관장하는 경칩신장께 드리는 경칩신장축원문(159쪽)과 만병통치약과 같은 소원성취축원문(150쪽)을 독송하면서 기도하면 반드시 큰 효과를 볼 수 있다.

■ 9월생이 소소한 장해를 제거하는 비법

9월생이 소소한 장해를 제거하려면 북서서 방위에 '제장해물급속제거(諸障害物急速除去)'라고 써서 걸고, 높은 신의 심부름을 하는 동자신명께 드리는 동자신명축원문(181쪽)과 선녀신명께 드리는 선녀신명축원문(182쪽)과 9월생의 운세를 관장하는 청명신장께 드리는 청명신장축원문(160쪽)과 만병통치약과 같은 소원성취축원문(150쪽)을 독송하면서 기도하면 반드시 큰 효과를 볼 수 있다.

■ 10월생이 소소한 장해를 제거하는 비법

10월생이 소소한 장해를 제거하려면 북서북 방위에 '제장해물급속제거(諸障害物急速除去)'라고 써서 걸고, 높은 신의 심부름을 하는 동자신명께 드리는 동자신명축원문(181쪽)과 선녀신명께 드리는 선녀신명축원문(182쪽)과 10월생의 운세를 관장하는 입하신장께 드리는 입하신장축원문(161쪽)과 만병통치약과 같은 소원성취축원문(150쪽)을 독송하면서 기도하면 반드시 큰 효과를 볼 수 있다.

■ 11월생이 소소한 장해를 제거하는 비법

11월생이 소소한 장해를 제거하려면 북방위에 '제장해물급속제거(諸障害物急速除去)'라고 써서 걸고, 높은 신의 심부름을 하는 동자신명께 드리는 동자신명축원문(181쪽)과 선녀신명께 드리는 선녀신명축원문(182쪽)과 11월생의 운세를 관장하는 소서신장께 드리는 소서신장축원문(162쪽)과 만병통치약과 같은 소원성취축원문(150쪽)을 독송하면서 기도하면 반드시 큰 효과를 볼 수 있다.

■ 12월생이 소소한 장해를 제거하는 비법

12월생이 소소한 장해를 제거하려면 북동북 방위에 '제장해물급속제거(諸障害物急速除去)'라고 써서 걸고, 높은 신의 심부름을 하는 동자신명께 드리는 동자신명축원문(181쪽)과 선녀신명께 드리는 선녀신명축원문(182쪽)과 12월생의 운세를 관장하는 망종신장께 드리는 망종신장축원문(163쪽)과 만병통치약과 같은 소원성취축원문(150쪽)을 독송하면서 기도하면 반드시 큰 효과를 볼 수 있다.

제15장. 거지잡신들의 방해를 막는 비법

　살다보면 이유없이 일이 막혀 잘 풀리지 않을 때가 있는데, 거지나 잡신들의 방해 때문인 경우도 있다. 이런 경우에는 거지잡신들을 위로하고, 원통한 영혼들을 달래주어야 한다. 거지잡신을 위로하는 걸식걸립축원문과 원통한 영혼을 달래주는 원통영혼해원문과 자신에게 해당하는 신장께 드리는 12절기 신장축원문과 만병통치약과 같은 소원성취축원문을 독송하면서 기도하면 반드시 큰 효과를 볼 수 있을 것이다.

■ 1월생이 거지잡신들의 방해를 막는 비법

　1월생이 거지잡신들의 방해를 막으려면 제거하려면 북동동 방위에 '원통영혼총해원(怨痛靈魂總解怨)'이라고 써서 걸고, 거지잡신들을 위로하는 걸식걸립축원문(183쪽)과 원통한 영혼들을 달래주는 원통영혼해원문(184쪽)과 1월생의 운세를 관장하는 입추신장께 드리는 입추신장축원문(152쪽)과 만병통치약과 같은 소원성취축원문(150쪽)을 독송하면서 기도하면 반드시 큰 효과를 볼 수 있다.

■ 2월생이 거지잡신들의 방해를 막는 비법

2월생이 거지잡신들의 방해를 막으려면 동방위에 '원통영혼총해원(怨痛靈魂總解怨)'이라고 써서 걸고, 거지잡신들을 위로하는 걸식걸립축원문(183쪽)과 원통한 영혼들을 달래주는 원통영혼해원문(184쪽)과 2월생의 운세를 관장하는 백로신장께 드리는 백로신장축원문(153쪽)과 만병통치약과 같은 소원성취축원문(150쪽)을 독송하면서 기도하면 반드시 큰 효과를 볼 수 있다.

■ 3월생이 거지잡신들의 방해를 막는 비법

3월생이 거지잡신들의 방해를 막으려면 남동동 방위에 '원통영혼총해원(怨痛靈魂總解怨)'이라고 써서 걸고, 거지잡신들을 위로하는 걸식걸립축원문(183쪽)과 원통한 영혼들을 달래주는 원통영혼해원문(184쪽)과 3월생의 운세를 관장하는 한로신장께 드리는 한로신장축원문(154쪽)과 만병통치약과 같은 소원성취축원문(150쪽)을 독송하면서 기도하면 반드시 큰 효과를 볼 수 있다.

■ 4월생이 거지잡신들의 방해를 막는 비법

4월생이 거지잡신들의 방해를 막으려면 남동남 방위에 '원통영혼총해원(怨痛靈魂總解怨)'이라고 써서 걸고, 거지잡신들을 위로하는 걸식걸립축원문(183쪽)과 원통한 영혼들을 달래주는 원통영혼해원문(184쪽)과 4월생의 운세를 관장하는 입동신장께 드리는 입동신장축원문(155쪽)과 만병통치약과 같은 소원성취축원문(150쪽)을 독송하면서 기도하면 반드시 큰 효과를 볼 수 있다.

■ 5월생이 거지잡신들의 방해를 막는 비법

5월생이 거지잡신들의 방해를 막으려면 남방위에 '원통영혼총해원(怨痛靈魂總解怨)'이라고 써서 걸고, 거지잡신들을 위로하는 걸식걸립축원문(183쪽)과 원통한 영혼들을 달래주는 원통영혼해원문(184쪽)과 5월생의 운세를 관장하는 대설신장께 드리는 대설신장축원문(156쪽)과 만병통치약과 같은 소원성취축원문(150쪽)을 독송하면서 기도하면 반드시 큰 효과를 볼 수 있다.

■ 6월생이 거지잡신들의 방해를 막는 비법

6월생이 거지잡신들의 방해를 막으려면 남서남 방위에 '원통영혼총해원(怨痛靈魂總解怨)'이라고 써서 걸고, 거지잡신들을 위로하는 걸식걸립축원문(183쪽)과 원통한 영혼들을 달래주는 원통영혼해원문(184쪽)과 6월생의 운세를 관장하는 소한신장께 드리는 소한신장축원문(157쪽)과 만병통치약과 같은 소원성취축원문(150쪽)을 독송하면서 기도하면 반드시 큰 효과를 볼 수 있다.

■ 7월생이 거지잡신들의 방해를 막는 비법

7월생이 거지잡신들의 방해를 막으려면 남서서 방위에 '원통영혼총해원(怨痛靈魂總解怨)'이라고 써서 걸고, 거지잡신들을 위로하는 걸식걸립축원문(183쪽)과 원통한 영혼들을 달래주는 원통영혼해원문(184쪽)과 7월생의 운세를 관장하는 입춘신장께 드리는 입춘신장축원문(158쪽)과 만병통치약과 같은 소원성취축원문(150쪽)을 독송하면서 기도하면 반드시 큰 효과를 볼 수 있다.

■ 8월생이 거지잡신들의 방해를 막는 비법

8월생이 거지잡신들의 방해를 막으려면 서방위에 '원통영혼총해원(怨痛靈魂總解怨)'이라고 써서 걸고, 거지잡신들을 위로하는 걸식걸립축원문(183쪽)과 원통한 영혼들을 달래주는 원통영혼해원문(184쪽)과 8월생의 운세를 관장하는 경칩신장께 드리는 경칩신장축원문(159쪽)과 만병통치약과 같은 소원성취축원문(150쪽)을 독송하면서 기도하면 반드시 큰 효과를 볼 수 있다.

■ 9월생이 거지잡신들의 방해를 막는 비법

9월생이 거지잡신들의 방해를 막으려면 북서서 방위에 '원통영혼총해원(怨痛靈魂總解怨)'이라고 써서 걸고, 거지잡신들을 위로하는 걸식걸립축원문(183쪽)과 원통한 영혼들을 달래주는 원통영혼해원문(184쪽)과 9월생의 운세를 관장하는 청명신장께 드리는 청명신장축원문(160쪽)을 독송한다. 그리고 만병통치약과 같은 소원성취축원문(150쪽)과 만병통치약과 같은 소원성취축원문(150쪽)을 독송하면서 기도하면 반드시 큰 효과를 볼 수 있다.

■ 10월생이 거지잡신들의 방해를 막는 비법

10월생이 거지잡신들의 방해를 막으려면 북서북 방위에 '원통영혼총해원(怨痛靈魂總解怨)'이라고 써서 걸고, 거지잡신들을 위로하는 걸식걸립축원문(183쪽)과 원통한 영혼들을 달래주는 원통영혼해원문(184쪽)과 10월생의 운세를 관장하는 입하신장께 드리는 입하신장축원문(161쪽)과 만병통치약과 같은 소원성취축원문(150쪽)을 독송하면서 기도하면 반드시 큰 효과를 볼 수 있다.

■ 11월생이 거지잡신들의 방해를 막는 비법

11월생이 거지잡신들의 방해를 막으려면 북방위에 '원통영혼총해원(怨痛靈魂總解怨)'이라고 써서 걸고, 거지잡신들을 위로하는 걸식걸립축원문(183쪽)과 원통한 영혼들을 달래주는 원통영혼해원문(184쪽)과 11월생의 운세를 관장하는 소서신장께 드리는 소서신장축원문(162쪽)과 만병통치약과 같은 소원성취축원문(150쪽)을 독송하면서 기도하면 반드시 큰 효과를 볼 수 있다.

■ 12월생이 거지잡신들의 방해를 막는 비법

12월생이 거지잡신들의 방해를 막으려면 북동북 방위에 '원통영혼총해원(怨痛靈魂總解怨)'이라고 써서 걸고, 거지잡신들을 위로하는 걸식걸립축원문(183쪽)과 원통한 영혼들을 달래주는 원통영혼해원문(184쪽)과 12월생의 운세를 관장하는 망종신장께 드리는 망종신장축원문(163쪽)과 만병통치약과 같은 소원성취축원문(150쪽)을 독송하면서 기도하면 반드시 큰 효과를 볼 수 있다.

제16장. 교통사고를 예방하는 비법

현대는 자동차가 필수품인 시대인 만큼 교통사고도 많이 발생한다. 우리는 순간의 사고로 가정이 풍비박산되는 이웃을 자주 보게된다. 이러한 사고를 막으려면 교통법규를 잘 지키면서 도로를 지키는 도로신장께 드리는 도로신장축원문과 자신에게 해당하는 신장께 드리는 12절기 신장축원문과 만병통치약과 같은 소원성취축원문을 독송하면서 기도하면 반드시 큰 효과를 볼 수 있을 것이다.

■ 1월생이 교통사고를 예방하는 비법

1월생이 교통사고를 예방하려면 북동동 방위에 '사방통행무사안전(四方通行無事安全)'이라고 써서 걸고, 도로를 지키는 도로신장께 드리는 도로신장축원문(185쪽)과 1월생의 운세를 관장하는 입추신장께 드리는 입추신장축원문(152쪽)과 만병통치약과 같은 소원성취축원문(150쪽)을 독송하면서 기도하면 반드시 큰 효과를 볼 수 있을 것이다.

■ 2월생이 교통사고를 예방하는 비법

2월생이 교통사고를 예방하려면 동방위에 '사방통행무사안전(四方通行無事安全)'이라고 써서 걸고, 도로를 지키는 도로신장께 드리는 도로신장축원문(185쪽)과 2월생의 운세를 관장하는 백로신장께 드리는 백로신장축원문(153쪽)과 만병통치약과 같은 소원성취축원문(150쪽)을 독송하면서 기도하면 반드시 큰 효과를 볼 수 있을 것이다.

■ 3월생이 교통사고를 예방하는 비법

3월생이 교통사고를 예방하려면 서방위에 '사방통행무사안전(四方通行無事安全)'이라고 써서 걸고, 도로를 지키는 도로신장께 드리는 도로신장축원문(185쪽)과 3월생의 운세를 관장하는 한로신장께 드리는 한로신장축원문(154쪽)과 만병통치약과 같은 소원성취축원문(150쪽)을 독송하면서 기도하면 반드시 큰 효과를 볼 수 있을 것이다.

■ 4월생이 교통사고를 예방하는 비법

4월생이 교통사고를 예방하려면 남동남 방위에 '사방통행무사안전(四方通行無事安全)'이라고 써서 걸고, 도로를 지키는 도로신장께 드리는 도로신장축원문(185쪽)과 4월생의 운세를 관장하는 입동신장께 드리는 입동신장축원문(155쪽)과 만병통치약과 같은 소원성취축원문(150쪽)을 독송하면서 기도하면 반드시 큰 효과를 볼 수 있을 것이다.

■ 5월생이 교통사고를 예방하는 비법

5월생이 교통사고를 예방하려면 남방위에 '사방통행무사안전(四方通行無事安全)'이라고 써서 걸고, 도로를 지키는 도로신장께 드리는 도로신장축원문(185쪽)과 5월생의 운세를 관장하는 대설신장께 드리는 대설신장축원문(156쪽)과 만병통치약과 같은 소원성취축원문(150쪽)을 독송하면서 기도하면 반드시 큰 효과를 볼 수 있을 것이다.

■ 6월생이 교통사고를 예방하는 비법

6월생이 교통사고를 예방하려면 남서남 방위에 '사방통행무사안전(四方通行無事安全)'이라고 써서 걸고, 도로를 지키는 도로신장께 드리는 도로신장축원문(185쪽)과 6월생의 운세를 관장하는 소한신장께 드리는 소한신장축원문(157쪽)과 만병통치약과 같은 소원성취축원문(150쪽)을 독송하면서 기도하면 반드시 큰 효과를 볼 수 있을 것이다.

■ 7월생이 교통사고를 예방하는 비법

7월생이 교통사고를 예방하려면 남서서 방위에 '사방통행무사안전(四方通行無事安全)'이라고 써서 걸고, 도로를 지키는 도로신장

께 드리는 도로신장축원문(185쪽)과 7월생의 운세를 관장하는 입춘
신장께 드리는 입춘신장축원문(158쪽)과 만병통치약과 같은 소원
성취축원문(150쪽)을 독송하면서 기도하면 반드시 큰 효과를 볼 수
있을 것이다.

■ 8월생이 교통사고를 예방하는 비법

8월생이 교통사고를 예방하려면 서방위에 '사방통행무사안전(四
方通行無事安全)'이라고 써서 걸고, 도로를 지키는 도로신장께 드
리는 도로신장축원문(185쪽)과 8월생의 운세를 관장하는 경칩신장
께 드리는 경칩신장축원문(159쪽)과 만병통치약과 같은 소원성취
축원문(150쪽)을 독송하면서 기도하면 반드시 큰 효과를 볼 수 있
을 것이다.

■ 9월생이 교통사고를 예방하는 비법

9월생이 교통사고를 예방하려면 북서서 방위에 '사방통행무사안
전(四方通行無事安全)'이라고 써서 걸고, 도로를 지키는 도로신장
께 드리는 도로신장축원문(185쪽)과 9월생의 운세를 관장하는 청명
신장께 드리는 청명신장축원문(160쪽)과 만병통치약과 같은 소원
성취축원문(150쪽)을 독송하면서 기도하면 반드시 큰 효과를 볼 수
있을 것이다.

■ 10월생이 교통사고를 예방하는 비법

10월생이 교통사고를 예방하려면 북서북 방위에 '사방통행무사안

전(四方通行無事安全)'이라고 써서 걸고, 도로를 지키는 도로신장께 드리는 도로신장축원문(185쪽)과 10월생의 운세를 관장하는 입하신장께 드리는 입하신장축원문(161쪽)과 만병통치약과 같은 소원성취축원문(150쪽)을 독송하면서 기도하면 반드시 큰 효과를 볼수 있다.

■ 11월생이 교통사고를 예방하려면

11월생이 교통사고를 예방하려면 북방위에 '사방통행무사안전(四方通行無事安全)'이라고 써서 걸고, 도로를 지키는 도로신장께 드리는 도로신장축원문(185쪽)과 11월생의 운세를 관장하는 소서신장께 드리는 소서신장축원문(162쪽)과 만병통치약과 같은 소원성취축원문(150쪽)을 독송하면서 기도하면 반드시 큰 효과를 볼 수 있을 것이다.

■ 12월생이 교통사고를 예방하는 비법

12월생이 교통사고를 예방하려면 북동북 방위에 '사방통행무사안전(四方通行無事安全)'이라고 써서 걸고, 도로를 지키는 도로신장께 드리는 도로신장축원문(185쪽)과 12월생의 운세를 관장하는 망종신장께 드리는 망종신장축원문(163쪽)과 만병통치약과 같은 소원성취축원문(150쪽)을 독송하면서 기도하면 반드시 큰 효과를 볼수 있다.

제17장. 사방팔방 자유롭게 출입하는 비법

    사람은 사방팔방으로 어디든 다닐 수 있다. 그러나 어느 방향이 막혀 어려움을 당하는 경우가 종종 있다. 이런 사람은 동서남북 사방팔방을 관장하는 팔문신장께 드리는 팔문신장축원문과 마음이 바르지 못한 사람이 가진 것이 많으면 도리어 죄악의 원인이 되니 심신을 수양하는데 도움을 주는 심신수양축원문과 자신에게 해당하는 신장께 드리는 12절기 신장축원문과 만병통치약과 같은 소원성취축원문을 독송하면서 기도하면 반드시 큰 효과를 볼 수 있다.

■ 1월생이 사방팔방 자유롭게 출입하는 비법

    1월생이 출입이 자유로우려면 북동동 방위에 돌과 바위가 있는 가을철 산의 그림을 걸고, 동서남북 사방팔방을 관장하는 팔문신장께 드리는 팔문신장축원문(186쪽)과 심신을 수양하는데 도움을 주는 심신수양축원문(187쪽)과 1월생의 운세를 관장하는 입추신장께 드리는 입추신장축원문(152쪽)과 만병통치약과 같은 소원성취축원문(150쪽)을 독송하면서 기도하면 반드시 큰 효과를 볼 수 있다.

■ 2월생이 사방팔방 자유롭게 출입하는 비법

 2월생이 출입이 자유로우려면 동방위에 돌과 바위가 있는 가을철 산의 그림을 걸고, 동서남북 사방팔방을 관장하는 팔문신장께 드리는 팔문신장축원문(186쪽)과 심신을 수양하는데 도움을 주는 심신수양축원문(187쪽)과 2월생의 운세를 관장하는 백로신장께 드리는 백로신장축원문(153쪽)과 만병통치약과 같은 소원성취축원문(150쪽)을 독송하면서 기도하면 반드시 큰 효과를 볼 수 있다.

■ 3월생이 사방팔방 자유롭게 출입하는 비법

 3월생이 출입이 자유로우려면 남동동 방위에 돌과 바위가 있는 가을철 산의 그림을 걸고, 동서남북 사방팔방을 관장하는 팔문신장께 드리는 팔문신장축원문(186쪽)과 심신을 수양하는데 도움을 주는 심신수양축원문(187쪽)과 3월생의 운세를 관장하는 한로신장께 드리는 한로신장축원문(154쪽)과 만병통치약과 같은 소원성취축원문(150쪽)을 독송하면서 기도하면 반드시 큰 효과를 볼 수 있다.

■ 4월생이 사방팔방 자유롭게 출입하는 비법

 4월생이 출입이 자유로우려면 남동남 방위에 연못과 강이 있는 겨울철 산의 그림을 걸고, 동서남북 사방팔방을 관장하는 팔문신장께 드리는 팔문신장축원문(186쪽)과 심신을 수양하는데 도움을 주는 심신수양축원문(187쪽)과 4월생의 운세를 관장하는 입동신장께 드리는 입동신장축원문(155쪽)과 만병통치약과 같은 소원성취축원문(150쪽)을 독송하면서 기도하면 반드시 큰 효과를 볼 수 있다.

■ 5월생이 사방팔방 자유롭게 출입하는 비법

5월생이 출입이 자유로우려면 남방위에 연못과 강이 있는 겨울철 산의 그림을 걸고, 동서남북 사방팔방을 관장하는 팔문신장께 드리는 팔문신장축원문(186쪽)과 심신을 수양하는데 도움을 주는 심신수양축원문(187쪽)과 5월생의 운세를 관장하는 대설신장께 드리는 대설신장축원문(156쪽)과 만병통치약과 같은 소원성취축원문(150쪽)을 독송하면서 기도하면 반드시 큰 효과를 볼 수 있다.

■ 6월생이 사방팔방 자유롭게 출입하는 비법

6월생이 출입이 자유로우려면 남서남 방위에 연못과 강이 있는 겨울철 산의 그림을 걸고, 동서남북 사방팔방을 관장하는 팔문신장께 드리는 팔문신장축원문(186쪽)과 심신을 수양하는데 도움을 주는 심신수양축원문(187쪽)과 6월생의 운세를 관장하는 소한신장께 드리는 소한신장축원문(157쪽)과 만병통치약과 같은 소원성취축원문(150쪽)을 독송하면서 기도하면 반드시 큰 효과를 볼 수 있다.

■ 7월생이 사방팔방 자유롭게 출입하는 비법

7월생이 출입이 자유로우려면 남서서 방위에 나무와 화초가 있는 봄철의 산 그림을 걸고, 동서남북 사방팔방을 관장하는 팔문신장께 드리는 팔문신장축원문(186쪽)과 심신을 수양하는데 도움을 주는 심신수양축원문(187쪽)과 7월생의 운세를 관장하는 입춘신장께 드리는 입춘신장축원문(158쪽)과 만병통치약과 같은 소원성취축원문(150쪽)을 독송하면서 기도하면 반드시 큰 효과를 볼 수 있다.

■ 8월생이 사방팔방 자유롭게 출입하는 비법

8월생이 출입이 자유로우려면 서방위에 나무와 화초가 있는 봄철의 산 그림을 걸고, 동서남북 사방팔방을 관장하는 팔문신장께 드리는 팔문신장축원문(186쪽)과 심신을 수양하는데 도움을 주는 심신수양축원문(187쪽)과 8월생의 운세를 관장하는 경칩신장께 드리는 경칩신장축원문(159쪽)과 만병통치약과 같은 소원성취축원문(150쪽)을 독송하면서 기도하면 반드시 큰 효과를 볼 수 있다.

■ 9월생이 사방팔방 자유롭게 출입하는 비법

9월생이 출입이 자유로우려면 북서서 방위에 나무와 화초가 있는 봄철의 산 그림을 걸고, 동서남북 사방팔방을 관장하는 팔문신장께 드리는 팔문신장축원문(186쪽)과 심신을 수양하는데 도움을 주는 심신수양축원문(187쪽)과 9월생의 운세를 관장하는 청명신장께 드리는 청명신장축원문(160쪽)과 만병통치약과 같은 소원성취축원문(150쪽)을 독송하면서 기도하면 반드시 큰 효과를 볼 수 있다.

■ 10월생이 사방팔방 자유롭게 출입하는 비법

10월생이 출입이 자유로우려면 북서북 방위에 밝은 태양이 떠 있는 여름철 산의 그림을 걸고, 동서남북 사방팔방을 관장하는 팔문신장께 드리는 팔문신장축원문(186쪽)과 심신을 수양하는데 도움을 주는 심신수양축원문(187쪽)과 10월생의 운세를 관장하는 입하신장께 드리는 입하신장축원문(161쪽)과 만병통치약과 같은 소원성취축원문(150쪽)을 독송하면서 기도하면 반드시 큰 효과를 본다.

■ 11월생이 사방팔방 자유롭게 출입하는 비법

11월생이 출입이 자유로우려면 북방위에 밝은 태양이 떠 있는 여름철 산의 그림을 걸고, 동서남북 사방팔방을 관장하는 팔문신장께 드리는 팔문신장축원문(186쪽)과 심신을 수양하는데 도움을 주는 심신수양축원문(187쪽)과 11월생의 운세를 관장하는 소서신장께 드리는 소서신장축원문(162쪽)과 만병통치약과 같은 소원성취축원문(150쪽)을 독송하면서 기도하면 반드시 큰 효과를 볼 수 있다.

■ 12월생이 사방팔방 자유롭게 출입하는 비법

12월생이 출입이 자유로우려면 북동북 방위에 밝은 태양이 떠 있는 여름철 산의 그림을 걸고, 동서남북 사방팔방을 관장하는 팔문신장께 드리는 팔문신장축원문(186쪽)과 심신을 수양하는데 도움을 주는 심신수양축원문(187쪽)과 12월생의 운세를 관장하는 망종신장께 드리는 망종신장축원문(163쪽)과 만병통치약과 같은 소원성취축원문(150쪽)을 독송하면서 기도하면 반드시 큰 효과를 본다.

제18장. 건강하게 장수하는 비법

　사람은 누구나 건강하게 장수하기를 원할 것이다. 그러나 선천적으로 병약하거나 단명운을 타고난 사람은 개운하는 방법을 찾아야 한다. 인간의 건강과 수명을 관장하는 북두칠성께 드리는 북두칠성축원문과 심신을 건강하게 만드는데 도움을 주는 심신건강축원문과 자신에게 해당하는 신장께 드리는 12절기 신장축원문과 만병통치약과 같은 소원성취축원문을 독송하면서 기도하면 반드시 큰 효과를 볼 수 있을 것이다.

■ 1월생이 건강하게 장수하는 비법

　1월생이 병약하거나 단명운을 타고났다면 북두칠성 그림을 북동동 방위에 걸고, 인간의 건강과 수명을 관장하는 북두칠성께 드리는 북두칠성축원문(188쪽)과 심신을 건강하게 만들어주는 심신건강축원문(170쪽)과 1월생의 운세를 관장하는 입추신장께 드리는 입추신장축원문(152쪽)과 만병통치약과 같은 소원성취축원문(150쪽)을 독송하면서 기도하면 건강하게 장수할 수 있다.

■ 2월생이 건강하게 장수하는 비법

2월생이 병약하거나 단명운을 타고났다면 북두칠성 그림을 동방위에 걸고, 인간의 건강과 수명을 관장하는 북두칠성께 드리는 북두칠성축원문(188쪽)과 심신을 건강하게 만들어주는 심신건강축원문(170쪽)과 2월생의 운세를 관장하는 백로신장께 드리는 백로신장축원문(153쪽)과 만병통치약과 같은 소원성취축원문(150쪽)을 독송하면서 기도하면 건강하게 장수할 수 있다.

■ 3월생이 건강하게 장수하는 비법

3월생이 병약하거나 단명운을 타고났다면 북두칠성 그림을 남동동 방위에 걸고, 인간의 건강과 수명을 관장하는 북두칠성께 드리는 북두칠성축원문(188쪽)과 심신을 건강하게 만들어주는 심신건강축원문(170쪽)과 3월생의 운세를 관장하는 한로신장께 드리는 한로신장축원문(154쪽)과 만병통치약과 같은 소원성취축원문(150쪽)을 독송하면서 기도하면 건강하게 장수할 수 있다.

■ 4월생이 건강하게 장수하는 비법

4월생이 병약하거나 단명운을 타고났다면 북두칠성 그림을 남동남 방위에 걸고, 인간의 건강과 수명을 관장하는 북두칠성께 드리는 북두칠성축원문(188쪽)과 심신을 건강하게 만들어주는 심신건강축원문(170쪽)과 4월생의 운세를 관장하는 입동신장께 드리는 입동신장축원문(155쪽)과 만병통치약과 같은 소원성취축원문(150쪽)을 독송하면서 기도하면 건강하게 장수할 수 있다.

■ 5월생이 건강하게 장수하는 비법

5월생이 병약하거나 단명운을 타고났다면 북두칠성 그림을 남방 위에 걸고, 인간의 건강과 수명을 관장하는 북두칠성께 드리는 북두칠성축원문(188쪽)과 심신을 건강하게 만들어주는 심신건강축원문(170쪽)과 5월생의 운세를 관장하는 대설신장께 드리는 대설신장축원문(156쪽)과 만병통치약과 같은 소원성취축원문(150쪽)을 독송하면서 기도하면 건강하게 장수할 수 있다.

■ 6월생이 건강하게 장수하는 비법

6월생이 병약하거나 단명운을 타고났다면 북두칠성 그림을 남서남 방위에 걸고, 인간의 건강과 수명을 관장하는 북두칠성께 드리는 북두칠성축원문(188쪽)과 심신을 건강하게 만들어주는 심신건강축원문(170쪽)과 6월생의 운세를 관장하는 소한신장께 드리는 소한신장축원문(157쪽)과 만병통치약과 같은 소원성취축원문(150쪽)을 독송하면서 기도하면 건강하게 장수할 수 있다.

■ 7월생이 건강하게 장수하는 비법

7월생이 병약하거나 단명운을 타고났다면 북두칠성 그림을 남서서 방위에 걸고, 인간의 건강과 수명을 관장하는 북두칠성께 드리는 북두칠성축원문(188쪽)과 심신을 건강하게 만들어주는 심신건강축원문(170쪽)과 7월생의 운세를 관장하는 입춘신장께 드리는 입춘신장축원문(158쪽)과 만병통치약과 같은 소원성취축원문(150쪽)을 독송하면서 기도하면 건강하게 장수할 수 있다.

■ 8월생이 건강하게 장수하는 비법

8월생이 병약하거나 단명운을 타고났다면 북두칠성 그림을 서방위에 걸고, 인간의 건강과 수명을 관장하는 북두칠성께 드리는 북두칠성축원문(188쪽)과 심신을 건강하게 만들어주는 심신건강축원문(170쪽)과 8월생의 운세를 관장하는 경칩신장께 드리는 경칩신장축원문(159쪽)과 만병통치약과 같은 소원성취축원문(150쪽)을 독송하면서 기도하면 건강하게 장수할 수 있다.

■ 9월생이 건강하게 장수하는 비법

9월생이 병약하거나 단명운을 타고났다면 북두칠성 그림을 북서서 방위에 걸고, 인간의 건강과 수명을 관장하는 북두칠성께 드리는 북두칠성축원문(188쪽)과 심신을 건강하게 만들어주는 심신건강축원문(170쪽)과 9월생의 운세를 관장하는 청명신장께 드리는 청명신장축원문(160쪽)과 만병통치약과 같은 소원성취축원문(150쪽)을 독송하면서 기도하면 건강하게 장수할 수 있다.

■ 10월생이 건강하게 장수하는 비법

10월생이 병약하거나 단명운을 타고났다면 북두칠성 그림을 북서북 방위에 걸고, 인간의 건강과 수명을 관장하는 북두칠성께 드리는 북두칠성축원문(188쪽)과 심신을 건강하게 만들어주는 심신건강축원문(170쪽)과 10월생의 운세를 관장하는 입하신장께 드리는 입하신장축원문(161쪽)과 만병통치약과 같은 소원성취축원문(150쪽)을 독송하면서 기도하면 건강하게 장수할 수 있다.

■ 11월생이 건강하게 장수하는 비법

11월생이 병약하거나 단명운을 타고났다면 북두칠성 그림을 북방위에 걸고, 인간의 건강과 수명을 관장하는 북두칠성께 드리는 북두칠성축원문(188쪽)과 심신을 건강하게 만들어주는 심신건강축원문(170쪽)과 11월생의 운세를 관장하는 소서신장께 드리는 소서신장축원문(162쪽)과 만병통치약과 같은 소원성취축원문(150쪽)을 독송하면서 기도하면 건강하게 장수할 수 있다.

■ 12월생이 건강하게 장수하는 비법

12월생이 병약하거나 단명운을 타고났다면 북두칠성 그림을 북동북 방위에 걸고, 인간의 건강과 수명을 관장하는 북두칠성께 드리는 북두칠성축원문(188쪽)과 심신을 건강하게 만들어주는 심신건강축원문(170쪽)과 12월생의 운세를 관장하는 망종신장께 드리는 망종신장축원문(163쪽)과 만병통치약과 같은 소원성취축원문(150쪽)을 독송하면서 기도하면 건강하게 장수할 수 있다.

제19장. 몸과 마음을 건강하게 만드는 비법

사람은 누구나 건강하게 살기를 원하여 음식이나 운동 등에 신경을 쓴다. 그러나 무조건 음식만 잘 먹고 운동만 한다고 하여 건강해지는 것이 아니다. 심신을 건강하게 만드는 데도 일정한 법칙이 있는데, 그 법칙은 심신건강축원문 속에 다 포함되어 있으니 활용해보기 바란다. 기본적으로 음식과 운동 등을 조절하면서 심신건강축원문과 자신에게 해당하는 신장께 드리는 12절기 신장축원문과 만병통치약과 같은 소원성취축원문을 독송하면서 기도하면 반드시 큰 효과를 볼 수 있을 것이다.

■ 1월생이 몸과 마음을 건강하게 만드는 비법

1월생이 몸과 마음이 건강해지려면 북동동 방위에 '심신건강만복근원(心身健康萬福根源)'이라고 써서 걸고, 심신을 건강하게 만들어주는 심신건강축원문(170쪽)과 1월생의 운세를 관장하는 입추신장께 드리는 입추신장축원문(152쪽)과 만병통치약과 같은 소원성취축원문(150쪽)을 독송하면서 기도하면 반드시 큰 효과를 볼 수 있을 것이다.

■ 2월생이 몸과 마음을 건강하게 만드는 비법

2월생이 몸과 마음이 건강해지려면 동방위에 '심신건강만복근원(心身健康萬福根源)'이라고 써서 걸고, 심신을 건강하게 만들어주는 심신건강축원문(170쪽)과 2월생의 운세를 관장하는 백로신장께 드리는 백로신장축원문(153쪽)과 만병통치약과 같은 소원성취축원문(150쪽)을 독송하면서 기도하면 반드시 큰 효과를 볼 수 있다.

■ 3월생이 몸과 마음을 건강하게 만드는 비법

3월생이 몸과 마음이 건강해지려면 남동동 방위에 '심신건강만복근원(心身健康萬福根源)'이라고 써서 걸고, 심신을 건강하게 만들어주는 심신건강축원문(170쪽)과 3월생의 운세를 관장하는 한로신장께 드리는 한로신장축원문(154쪽)과 만병통치약과 같은 소원성취축원문(150쪽)을 독송하면서 기도하면 반드시 큰 효과를 볼 수 있을 것이다.

■ 4월생이 몸과 마음을 건강하게 만드는 비법

4월생이 몸과 마음이 건강해지려면 남동남 방위에 '심신건강만복근원(心身健康萬福根源)'이라고 써서 걸고, 심신을 건강하게 만들

어주는 심신건강축원문(170쪽)과 4월생의 운세를 관장하는 입동신
장께 드리는 입동신장축원문(155쪽)과 만병통치약과 같은 소원성
취축원문(150쪽)을 독송하면서 기도하면 반드시 큰 효과를 볼 수
있을 것이다.

■ 5월생이 몸과 마음을 건강하게 만드는 비법

 5월생이 몸과 마음이 건강해지려면 남방위에 '심신건강만복근원
(心身健康萬福根源)'이라고 써서 걸고, 심신을 건강하게 만들어주
는 심신건강축원문(170쪽)과 5월생의 운세를 관장하는 대설신장께
드리는 대설신장축원문(156쪽)과 만병통치약과 같은 소원성취축원
문(150쪽)을 독송하면서 기도하면 반드시 큰 효과를 볼 수 있다.

■ 6월생이 몸과 마음을 건강하게 만드는 비법

 6월생이 몸과 마음이 건강해지려면 남서남 방위에 '심신건강만복
근원(心身健康萬福根源)'이라고 써서 걸고, 심신을 건강하게 만들
어주는 심신건강축원문(170쪽)과 6월생의 운세를 관장하는 소한신
장께 드리는 소한신장축원문(157쪽)과 만병통치약과 같은 소원성
취축원문(150쪽)을 독송하면서 기도하면 반드시 큰 효과를 볼 수
있을 것이다.

■ 7월생이 몸과 마음을 건강하게 만드는 비법

 7월생이 몸과 마음이 건강해지려면 남서서 방위에 '심신건강만복
근원(心身健康萬福根源)'이라고 써서 걸고, 심신을 건강하게 만들

어주는 심신건강축원문(170쪽)과 7월생의 운세를 관장하는 입춘신
장께 드리는 입춘신장축원문(158쪽)과 만병통치약과 같은 소원성
취축원문(150쪽)을 독송하면서 기도하면 반드시 큰 효과를 볼 수
있을 것이다.

■ 8월생이 몸과 마음을 건강하게 만드는 비법

 8월생이 몸과 마음이 건강해지려면 서방위에 '심신건강만복근원
(心身健康萬福根源)'이라고 써서 걸고, 심신을 건강하게 만들어주
는 심신건강축원문(170쪽)과 8월생의 운세를 관장하는 경칩신장께
드리는 경칩신장축원문(159쪽)과 만병통치약과 같은 소원성취축원
문(150쪽)을 독송하면서 기도하면 반드시 큰 효과를 볼 수 있다.

■ 9월생이 몸과 마음을 건강하게 만드는 비법

9월생이 몸과 마음이 건강해지려면 북서서 방위에 '심신건강만복
근원(心身健康萬福根源)'이라고 써서 걸고, 심신을 건강하게 만들
어주는 심신건강축원문(170쪽)과 9월생의 운세를 관장하는 청명신
장께 드리는 청명신장축원문(160쪽)과 만병통치약과 같은 소원성
취축원문(150쪽)을 독송하면서 기도하면 반드시 큰 효과를 볼 수
있을 것이다.

■ 10월생이 몸과 마음을 건강하게 만드는 비법

10월생이 몸과 마음이 건강해지려면 북서북 방위에 '심신건강만복
근원(心身健康萬福根源)'이라고 써서 걸고, 심신을 건강하게 만들

어주는 심신건강축원문(170쪽)과 10월생의 운세를 관장하는 입하신장께 드리는 입하신장축원문(161쪽)과 만병통치약과 같은 소원성취축원문(150쪽)을 독송하면서 기도하면 반드시 큰 효과를 볼 수 있을 것이다.

■ 11월생이 몸과 마음을 건강하게 만드는 비법

11월생이 몸과 마음이 건강해지려면 북방위에 '심신건강만복근원(心身健康萬福根源)'이라고 써서 걸고, 심신을 건강하게 만들어주는 심신건강축원문(170쪽)과 11월생의 운세를 관장하는 소서신장께 드리는 소서신장축원문(162쪽)과 만병통치약과 같은 소원성취축원문(150쪽)을 독송하면서 기도하면 반드시 큰 효과를 볼 수 있다.

■ 12월생이 몸과 마음을 건강하게 만드는 비법

12월생이 몸과 마음이 건강해지려면 북동북 방위에 '심신건강만복근원(心身健康萬福根源)'이라고 써서 걸고, 심신을 건강하게 만들어주는 심신건강축원문(170쪽)과 12월생의 운세를 관장하는 망종신장께 드리는 망종신장축원문(163쪽)과 만병통치약과 같은 소원성취축원문(150쪽)을 독송하면서 기도하면 반드시 큰 효과를 볼 수 있을 것이다.

제20장. 이목구비를 아름답고 건강하게 만드는 비법

'몸이 천 냥이면 얼굴은 구백 냥'이라는 말이 있듯이 얼굴은 그만큼 중요하다. 아무리 능력과 재주가 있어도 얼굴이 혐오스러울 정도로 보기 싫다면 하는 일이 순조롭지 않은 경우가 있다. 이런 문제로 고민하거나 얼굴을 아름답게 만들고 싶으면 이목구비를 관장하는 오관신명께 드리는 오관신명축원과 자신에게 해당하는 신장께 드리는 12절기 신장축원문과 만병통치약과 같은 소원성취축원문을 독송하면서 기도하면 반드시 큰 효과를 볼 수 있다.

■ 1월생이 이목구비를 건강하고 아름답게 만드는 비법

1월생이 이목구비를 건강하고 아름답게 만들려면 북동동 방위에 '이목구비안면미인(耳目口鼻顏面美人)'이라고 써서 걸고, 이목구비를 관장하는 오관신명께 드리는 오관신명축원문(189쪽)과 1월생의 운세를 관장하는 입추신장께 드리는 입추신장축원문(152쪽)과 만병통치약과 같은 소원성취축원문(150쪽)을 독송하면서 기도하면 반드시 큰 효과를 볼 수 있다.

■ 2월생이 이목구비를 건강하고 아름답게 만드는 비법

2월생이 이목구비를 건강하고 아름답게 만들려면 동방위에 '이목구비안면미인(耳目口鼻顔面美人)'이라고 써서 걸고, 이목구비를 관장하는 오관신명께 드리는 오관신명축원문(189쪽)과 2월생의 운세를 관장하는 백로신장께 드리는 백로신장축원문(153쪽)과 만병통치약과 같은 소원성취축원문(150쪽)을 독송하면서 기도하면 반드시 큰 효과를 볼 수 있다.

■ 3월생이 이목구비를 건강하고 아름답게 만드는 비법

3월생이 이목구비를 건강하고 아름답게 만들려면 남동동 방위에 '이목구비안면미인(耳目口鼻顔面美人)'이라고 써서 걸고, 이목구비를 관장하는 오관신명께 드리는 오관신명축원문(189쪽)과 3월생의 운세를 관장하는 한로신장께 드리는 한로신장축원문(154쪽)과 만병통치약과 같은 소원성취축원문(150쪽)을 독송하면서 기도하면 반드시 큰 효과를 볼 수 있다.

■ 4월생이 이목구비를 건강하고 아름답게 만드는 비법

4월생이 이목구비를 건강하고 아름답게 만들려면 남동남 방위에 '이목구비안면미인(耳目口鼻顔面美人)'이라고 써서 걸고, 이목구비를 관장하는 오관신명께 드리는 오관신명축원문(189쪽)과 4월생의 운세를 관장하는 입동신장께 드리는 입동신장축원문(155쪽)과 만병통치약과 같은 소원성취축원문(150쪽)을 독송하면서 기도하면 반드시 큰 효과를 볼 수 있다.

■ 5월생이 이목구비를 건강하고 아름답게 만드는 비법

5월생이 이목구비를 건강하고 아름답게 만들려면 남방위에 '이목구비안면미인(耳目口鼻顔面美人)'이라고 써서 걸고, 이목구비를 관장하는 오관신명께 드리는 오관신명축원문(189쪽)과 5월생의 운세를 관장하는 대설신장께 드리는 대설신장축원문(156쪽)과 만병통치약과 같은 소원성취축원문(150쪽)을 독송하면서 기도하면 반드시 큰 효과를 볼 수 있다.

■ 6월생이 이목구비를 건강하고 아름답게 만드는 비법

6월생이 이목구비를 건강하고 아름답게 만들려면 남서남 방위에 '이목구비안면미인(耳目口鼻顔面美人)'이라고 써서 걸고, 이목구비를 관장하는 오관신명께 드리는 오관신명축원문(189쪽)과 6월생의 운세를 관장하는 소한신장께 드리는 소한신장축원문(157쪽)과 만병통치약과 같은 소원성취축원문(150쪽)을 독송하면서 기도하면 반드시 큰 효과를 볼 수 있다.

■ 7월생이 이목구비를 건강하고 아름답게 만드는 비법

7월생이 이목구비를 건강하고 아름답게 만들려면 남서서 방위에

'이목구비안면미인(耳目口鼻顔面美人)'이라고 써서 걸고, 이목구비를 관장하는 오관신명께 드리는 오관신명축원문(189쪽)과 7월생의 운세를 관장하는 입춘신장께 드리는 입춘신장축원문(158쪽)과 만병통치약과 같은 소원성취축원문(150쪽)을 독송하면서 기도하면 반드시 큰 효과를 볼 수 있다.

■ 8월생이 이목구비를 건강하고 아름답게 만드는 비법

8월생이 이목구비를 건강하고 아름답게 만들려면 서방위에 '이목구비안면미인(耳目口鼻顔面美人)'이라고 써서 걸고, 이목구비를 관장하는 오관신명께 드리는 오관신명축원문(189쪽)과 8월생의 운세를 관장하는 경칩신장께 드리는 경칩신장축원문(159쪽)과 만병통치약과 같은 소원성취축원문(150쪽)을 독송하면서 기도하면 반드시 큰 효과를 볼 수 있다.

■ 9월생이 이목구비를 건강하고 아름답게 만드는 비법

9월생이 이목구비를 건강하고 아름답게 만들려면 북서서 방위에 '이목구비안면미인(耳目口鼻顔面美人)'이라고 써서 걸고, 이목구비를 관장하는 오관신명께 드리는 오관신명축원문(189쪽)과 9월생의 운세를 관장하는 청명신장께 드리는 청명신장축원문(160쪽)과 만병통치약과 같은 소원성취축원문(150쪽)을 독송하면서 기도하면 반드시 큰 효과를 볼 수 있다.

■ 10월생이 이목구비를 건강하고 아름답게 만드는 비법

10월생이 이목구비를 건강하고 아름답게 만들려면 북서북 방위에 '이목구비안면미인(耳目口鼻顔面美人)'이라고 써서 걸고, 이목구비를 관장하는 오관신명께 드리는 오관신명축원문(189쪽)과 10월생의 운세를 관장하는 입하신장께 드리는 입하신장축원문(161쪽)과 만병통치약과 같은 소원성취축원문(150쪽)을 독송하면서 기도하면 반드시 큰 효과를 볼 수 있다.

■ 11월생이 이목구비를 건강하고 아름답게 만드는 비법

11월생이 이목구비를 건강하고 아름답게 만들려면 북방위에 '이목구비안면미인(耳目口鼻顔面美人)'이라고 써서 걸고, 이목구비를 관장하는 오관신명께 드리는 오관신명축원문(189쪽)과 11월생의 운세를 관장하는 소서신장께 드리는 소서신장축원문(162쪽)과 만병통치약과 같은 소원성취축원문(150쪽)을 독송하면서 기도하면 반드시 큰 효과를 볼 수 있다.

■ 12월생이 이목구비를 건강하고 아름답게 만드는 비법

12월생이 이목구비를 건강하고 아름답게 만들려면 북동북 방위에 '이목구비안면미인(耳目口鼻顔面美人)'이라고 써서 걸고, 이목구비를 관장하는 오관신명께 드리는 오관신명축원문(189쪽)과 12월생의 운세를 관장하는 망종신장께 드리는 망종신장축원문(163쪽)과 만병통치약과 같은 소원성취축원문(150쪽)을 독송하면서 기도하면 반드시 큰 효과를 볼 수 있다.

제21장. 집안을 화평하게 만드는 비법

　가화만사성(家和萬事成)이라는 말이 있다. 가정이 화목해야 만사가 잘 된다는 뜻이다. 그러나 자신이나 선조의 업장으로 가정운이 불리한 사람은 가택을 수호하는 성주대신께 드리는 성주대신축원문과 부부의 화합을 도와주는 부부화합축원문(167쪽)과 자신에게 해당하는 신장께 드리는 12절기 신장축원문과 만병통치약과 같은 소원성취축원문을 독송하면서 기도하면 반드시 큰 효과를 볼 수 있을 것이다.

■ 1월생이 집안을 화평하게 만드는 비법

1월생이 집안을 화평하게 하려면 북동동 방위에 '가화만사성(家和萬事成)'이라고 써서 걸고, 가택을 수호하는 성주대신께 드리는 성주대신축원문(190쪽)과 부부의 화합을 도와주는 부부화합축원문

(167쪽)과 1월생의 운세를 관장하는 입추신장께 드리는 입추신장축원문(152쪽)과 만병통치약과 같은 소원성취축원문(150쪽)을 독송하면서 기도하면 반드시 큰 효과를 볼 수 있다.

■ 2월생이 집안을 화평하게 만드는 비법

2월생이 집안을 화평하게 하려면 동방위에 '가화만사성(家和萬事成)'이라고 써서 걸고, 가택을 수호하는 성주대신께 드리는 성주대신축원문(190쪽)과 부부의 화합을 도와주는 부부화합축원문(167쪽)과 2월생의 운세를 관장하는 백로신장께 드리는 백로신장축원문(153쪽)과 만병통치약과 같은 소원성취축원문(150쪽)을 독송하면서 기도하면 반드시 큰 효과를 볼 수 있다.

■ 3월생이 집안을 화평하게 만드는 비법

3월생이 집안을 화평하게 하려면 서방위에 '가화만사성(家和萬事成)'이라고 써서 걸고, 가택을 수호하는 성주대신께 드리는 성주대신축원문(190쪽)과 부부의 화합을 도와주는 부부화합축원문(167쪽)과 3월생의 운세를 관장하는 한로신장께 드리는 한로신장축원문(154쪽)과 만병통치약과 같은 소원성취축원문(150쪽)을 독송하면서 기도하면 반드시 큰 효과를 볼 수 있다.

■ 4월생이 집안을 화평하게 만드는 비법

4월생이 집안을 화평하게 하려면 남동남 방위에 '가화만사성(家和萬事成)'이라고 써서 걸고, 가택을 수호하는 성주대신께 드리는 성주대신축원문(190쪽)과 부부의 화합을 도와주는 부부화합축원문(167쪽)과 4월생의 운세를 관장하는 입동신장께 드리는 입동신장축원문(155쪽)과 만병통치약과 같은 소원성취축원문(150쪽)을 독송하면서 기도하면 반드시 큰 효과를 볼 수 있다.

■ 5월생이 집안을 화평하게 만드는 비법

5월생이 집안을 화평하게 하려면 남방위에 '가화만사성(家和萬事成)'이라고 써서 걸고, 가택을 수호하는 성주대신께 드리는 성주대신축원문(190쪽)과 부부의 화합을 도와주는 부부화합축원문(167쪽)과 5월생의 운세를 관장하는 대설신장께 드리는 대설신장축원문(156쪽)과 만병통치약과 같은 소원성취축원문(150쪽)을 독송하면서 기도하면 반드시 큰 효과를 볼 수 있다.

■ 6월생이 집안을 화평하게 만드는 비법

6월생이 집안을 화평하게 하려면 남서남 방위에 '가화만사성(家和萬事成)'이라고 써서 걸고, 가택을 수호하는 성주대신께 드리는 성주대신축원문(190쪽)과 부부의 화합을 도와주는 부부화합축원문(167쪽)과 6월생의 운세를 관장하는 소한신장께 드리는 소한신장축원문(157쪽)과 만병통치약과 같은 소원성취축원문(150쪽)을 독송하면서 기도하면 반드시 큰 효과를 볼 수 있다.

■ 7월생이 집안을 화평하게 만드는 비법

7월생이 집안을 화평하게 하려면 남서서 방위에 '가화만사성(家

和萬事成)'이라고 써서 걸고, 가택을 수호하는 성주대신께 드리는 성주대신축원문(190쪽)과 부부의 화합을 도와주는 부부화합축원문(167쪽)과 7월생의 운세를 관장하는 입춘신장께 드리는 입춘신장축원문(158쪽)과 만병통치약과 같은 소원성취축원문(150쪽)을 독송하면서 기도하면 반드시 큰 효과를 볼 수 있다.

■ 8월생이 집안을 화평하게 만드는 비법

8월생이 집안을 화평하게 하려면 서방위에 '가화만사성(家和萬事成)'이라고 써서 걸고, 가택을 수호하는 성주대신께 드리는 성주대신축원문(190쪽)과 부부의 화합을 도와주는 부부화합축원문(167쪽)과 8월생의 운세를 관장하는 경칩신장께 드리는 경칩신장축원문(159쪽)과 만병통치약과 같은 소원성취축원문(150쪽)을 독송하면서 기도하면 반드시 큰 효과를 볼 수 있다.

■ 9월생이 집안을 화평하게 만드는 비법

9월생이 집안을 화평하게 하려면 북서서 방위에 '가화만사성(家和萬事成)'이라고 써서 걸고, 가택을 수호하는 성주대신께 드리는 성주대신축원문(190쪽)과 부부의 화합을 도와주는 부부화합축원문(167쪽)과 9월생의 운세를 관장하는 청명신장께 드리는 청명신장축원문(160쪽)과 만병통치약과 같은 소원성취축원문(150쪽)을 독송하면서 기도하면 반드시 큰 효과를 볼 수 있다.

■ 10월생이 집안을 화평하게 만드는 비법

10월생이 집안을 화평하게 하려면 북서북 방위에 '가화만사성(家和萬事成)'이라고 써서 걸고, 가택을 수호하는 성주대신께 드리는 성주대신축원문(190쪽)과 부부의 화합을 도와주는 부부화합축원문(167쪽)과 10월생의 운세를 관장하는 입하신장께 드리는 입하신장축원문(161쪽)과 만병통치약과 같은 소원성취축원문(150쪽)을 독송하면서 기도하면 반드시 큰 효과를 볼 수 있다.

■ 11월생이 집안을 화평하게 만드는 비법

11월생이 집안을 화평하게 하려면 북방위에 '가화만사성(家和萬事成)'이라고 써서 걸고, 가택을 수호하는 성주대신께 드리는 성주대신축원문(190쪽)과 부부의 화합을 도와주는 부부화합축원문(167쪽)과 11월생의 운세를 관장하는 소서신장께 드리는 소서신장축원문(162쪽)과 만병통치약과 같은 소원성취축원문(150쪽)을 독송하면서 기도하면 반드시 큰 효과를 볼 수 있다.

■ 12월생이 집안을 화평하게 만드는 비법

12월생이 집안을 화평하게 하려면 북동북 방위에 '가화만사성(家和萬事成)'이라고 써서 걸고, 가택을 수호하는 성주대신께 드리는 성주대신축원문(190쪽)과 부부의 화합을 도와주는 부부화합축원문(167쪽)과 12월생의 운세를 관장하는 망종신장께 드리는 망종신장축원문(163쪽)과 만병통치약과 같은 소원성취축원문(150쪽)을 독송하면서 기도하면 반드시 큰 효과를 볼 수 있다.

제22장. 금실좋은 부부사이를 만드는 비법

　가정에서는 부부가 중심인 만큼 부부간의 화합이 가정의 행복을 좌우하고, 대개 인생의 절반이 결혼생활로 이루어지니 부부간의 관계는 삶의 질을 결정하기도 한다. 그러나 의외로 부부간의 갈등으로 불행한 삶을 사는 경우가 많다. 부부가 화합하는 비법은 무엇보다 부부간에 사랑하고 이해하며 존경하는 마음이 중요하고, 그 다음에는 이 방법을 활용해보자.

　부부의 화합을 도와주는 부부화합축원문과 부부의 도리를 일깨워주는 부부정도축원문과 자신에게 해당하는 신장께 드리는 12절기 신장축원문과 만병통치약과 같은 소원성취축원문을 독송하면서 기도하면 반드시 큰 효과를 볼 수 있을 것이다.

■ 1월생이 금실좋은 부부사이를 만드는 비법

1월생이 금실좋은 부부사이를 만들려면 북동동 방위에 '가정원화만사개성(家庭圓和万事皆成)'이라고 써서 걸고, 부부의 화합을 도와주는 부부화합축원문(167쪽)과 부부의 정도를 일깨워주는 부부정도축원문(191쪽)과 1월생의 운세를 관장하는 입추신장께 드리는 입추신장축원문(152쪽)과 만병통치약과 같은 소원성취축원문(150쪽)을 독송하면서 기도하면 반드시 큰 효과를 볼 수 있다.

■ 2월생이 금실좋은 부부사이를 만드는 비법

2월생이 금실좋은 부부사이를 만들려면 동방위에 '가정원화만사개성(家庭圓和万事皆成)'이라고 써서 걸고, 부부의 화합을 도와주는 부부화합축원문(167쪽)과 부부의 정도를 일깨워주는 부부정도축원문(191쪽)과 2월생의 운세를 관장하는 백로신장께 드리는 백로신장축원문(153쪽)과 만병통치약과 같은 소원성취축원문(150쪽)을 독송하면서 기도하면 반드시 큰 효과를 볼 수 있다.

■ 3월생이 금실좋은 부부사이를 만드는 비법

3월생이 금실좋은 부부사이를 만들려면 남동동 방위에 '가정원화만사개성(家庭圓和万事皆成)'이라고 써서 걸고, 부부의 화합을 도와주는 부부화합축원문(167쪽)과 부부의 정도를 일깨워주는 부부정도축원문(191쪽)과 3월생의 운세를 관장하는 한로신장께 드리는 한로신장축원문(154쪽)과 만병통치약과 같은 소원성취축원문(150쪽)을 독송하면서 기도하면 반드시 큰 효과를 볼 수 있다.

■ 4월생이 금실좋은 부부사이를 만드는 비법

4월생이 금실좋은 부부사이를 만들려면 남동남 방위에 '가정원화만사개성(家庭圓和万事皆成)'이라고 써서 걸고, 부부의 화합을 도와주는 부부화합축원문(167쪽)과 부부의 정도를 일깨워주는 부부정도축원문(191쪽)과 4월생의 운세를 관장하는 입동신장께 드리는 입동신장축원문(155쪽)과 만병통치약과 같은 소원성취축원문(150쪽)을 독송하면서 기도하면 반드시 큰 효과를 볼 수 있다.

■ 5월생이 금실좋은 부부사이를 만드는 비법

5월생이 금실좋은 부부사이를 만들려면 남방위에 '가정원화만사개성(家庭圓和万事皆成)'이라고 써서 걸고, 부부의 화합을 도와주는 부부화합축원문(167쪽)과 부부의 정도를 일깨워주는 부부정도축원문(191쪽)과 5월생의 운세를 관장하는 대설신장께 드리는 대설신장축원문(156쪽)과 만병통치약과 같은 소원성취축원문(150쪽)을 독송하면서 기도하면 반드시 큰 효과를 볼 수 있다.

■ 6월생이 금실좋은 부부사이를 만드는 비법

6월생이 금실좋은 부부사이를 만들려면 남서남 방위에 '가정원화만사개성(家庭圓和万事皆成)'이라고 써서 걸고, 부부의 화합을 도와주는 부부화합축원문(167쪽)과 부부의 정도를 일깨워주는 부부정도축원문(191쪽)과 6월생의 운세를 관장하는 소한신장께 드리는 소한신장축원문(157쪽)과 만병통치약과 같은 소원성취축원문(150쪽)을 독송하면서 기도하면 반드시 큰 효과를 볼 수 있다.

■ 7월생이 금실좋은 부부사이를 만드는 비법

7월생이 금실좋은 부부사이를 만들려면 남서서 방위에 '가정원화만사개성(家庭圓和万事皆成)'이라고 써서 걸고, 부부의 화합을 도와주는 부부화합축원문(167쪽)과 부부의 정도를 일깨워주는 부부정도축원문(191쪽)과 7월생의 운세를 관장하는 입춘신장께 드리는 입춘신장축원문(158쪽)과 만병통치약과 같은 소원성취축원문(150쪽)을 독송하면서 기도하면 반드시 큰 효과를 볼 수 있다.

■ 8월생이 금실좋은 부부사이를 만드는 비법

8월생이 금실좋은 부부사이를 만들려면 서방위에 '가정원화만사개성(家庭圓和万事皆成)'이라고 써서 걸고, 부부의 화합을 도와주는 부부화합축원문(167쪽)과 부부의 정도를 일깨워주는 부부정도축원문(191쪽)과 8월생의 운세를 관장하는 경칩신장께 드리는 경칩신장축원문(159쪽)과 만병통치약과 같은 소원성취축원문(150쪽)을 독송하면서 기도하면 반드시 큰 효과를 볼 수 있다.

■ 9월생이 금실좋은 부부사이를 만드는 비법

9월생이 금실좋은 부부사이를 만들려면 북서서 방위에 '가정원화만사개성(家庭圓和万事皆成)'이라고 써서 걸고, 부부의 화합을 도와주는 부부화합축원문(167쪽)과 부부의 정도를 일깨워주는 부부정도축원문(191쪽)과 9월생의 운세를 관장하는 청명신장께 드리는 청명신장축원문(160쪽)과 만병통치약과 같은 소원성취축원문(150쪽)을 독송하면서 기도하면 반드시 큰 효과를 볼 수 있다.

■ 10월생이 금실좋은 부부사이를 만드는 비법

10월생이 금실좋은 부부사이를 만들려면 북서북 방위에 '가정원화만사개성(家庭圓和万事皆成)'이라고 써서 걸고, 부부의 화합을 도와주는 부부화합축원문(167쪽)과 부부의 정도를 일깨워주는 부부정도축원문(191쪽)과 10월생의 운세를 관장하는 입하신장께 드리는 입하신장축원문(161쪽)과 만병통치약과 같은 소원성취축원문(150쪽)을 독송하면서 기도하면 반드시 큰 효과를 볼 수 있다.

■ 11월생이 금실좋은 부부사이를 만드는 비법

11월생이 금실좋은 부부사이를 만들려면 북방위에 '가정원화만사개성(家庭圓和万事皆成)'이라고 써서 걸고, 부부의 화합을 도와주는 부부화합축원문(167쪽)과 부부의 정도를 일깨워주는 부부정도축원문(191쪽)과 11월생의 운세를 관장하는 소서신장께 드리는 소서신장축원문(162쪽)과 만병통치약과 같은 소원성취축원문(150쪽)을 독송하면서 기도하면 반드시 큰 효과를 볼 수 있다.

■ 12월생이 금실좋은 부부사이를 만드는 비법

12월생이 금실좋은 부부사이를 만들려면 북동북 방위에 '가정원화만사개성(家庭圓和万事皆成)'이라고 써서 걸고, 부부의 화합을 도와주는 부부화합축원문(167쪽)과 부부의 정도를 일깨워주는 부부정도축원문(191쪽)과 12월생의 운세를 관장하는 망종신장께 드리는 망종신장축원문(163쪽)과 만병통치약과 같은 소원성취축원문(150쪽)을 독송하면서 기도하면 반드시 큰 효과를 볼 수 있다.

제23장. 자녀를 훌륭하게 키우는 비법

　사람은 누구나 자녀가 건강하고 부모에게 효도하고 사회에서는 훌륭하게 성공하기를 바랄 것이다. 그러나 자신이나 선조의 업장으로 자녀가 흉운을 타고나 만사가 순조롭지 못하다면 개운하는 방법을 찾아야 한다.

　이런 사람은 자녀의 운을 관장하는 삼신제왕께 드리는 삼신제왕 축원문과 인간의 건강과 수명을 관장하는 북두칠성께 드리는 북두칠성축원문과 자신에게 해당하는 신장께 드리는 12절기 신장축원문과 만병통치약과 같은 소원성취축원문을 독송하면서 기도하면 반드시 큰 효과를 볼 수 있을 것이다.

■ 1월생이 자녀를 훌륭하게 키우는 비법

 1월생이 자녀를 훌륭하게 키우려면 '삼신제왕항내조아명문성가일심기원(三神帝王恒來助我名門成家一心祈願)'이라고 써서 북동동 방위에 걸고, 자녀의 운을 관장하는 삼신제왕께 드리는 삼신제왕축원문(192쪽)과 인간의 건강과 수명을 관장하는 북두칠성께 드리는 북두칠성축원문(188쪽)과 1월생의 운세를 관장하는 입추신장께 드리는 입추신장축원문(152쪽)과 만병통치약과 같은 소원성취축원문(150쪽)을 독송하면서 기도하면 반드시 큰 효과를 볼 수 있다.

■ 2월생이 자녀를 훌륭하게 키우는 비법

 2월생이 자녀를 훌륭하게 키우려면 '삼신제왕항내조아명문성가일심기원(三神帝王恒來助我名門成家一心祈願)'이라고 써서 동방위에 걸고, 자녀의 운을 관장하는 삼신제왕께 드리는 삼신제왕축원문(192쪽)과 인간의 건강과 수명을 관장하는 북두칠성께 드리는 북두칠성축원문(188쪽)과 2월생의 운세를 관장하는 백로신장께 드리는 백로신장축원문(153쪽)과 만병통치약과 같은 소원성취축원문(150쪽)을 독송하면서 기도하면 반드시 큰 효과를 볼 수 있다.

■ 3월생이 자녀를 훌륭하게 키우는 비법

 3월생이 자녀를 훌륭하게 키우려면 '삼신제왕항내조아명문성가일심기원(三神帝王恒來助我名門成家一心祈願)'이라고 써서 남동동 방위에 걸고, 자녀의 운을 관장하는 삼신제왕께 드리는 삼신제왕축원문(192쪽)과 인간의 건강과 수명을 관장하는 북두칠성께 드리는 북두칠성축원문(188쪽)과 3월생의 운세를 관장하는 한로신장께 드리는 한로신장축원문(154쪽)과 만병통치약과 같은 소원성취축원문(150쪽)을 독송하면서 기도하면 반드시 큰 효과를 볼 수 있다.

■ 4월생이 자녀를 훌륭하게 키우는 비법

4월생이 자녀를 훌륭하게 키우려면 '삼신제왕항내조아명문성가일심기원(三神帝王恒來助我名門成家一心祈願)'이라고 써서 남동남 방위에 걸고, 자녀의 운을 관장하는 삼신제왕께 드리는 삼신제왕축원문(192쪽)과 인간의 건강과 수명을 관장하는 북두칠성께 드리는 북두칠성축원문(188쪽)과 4월생의 운세를 관장하는 입동신장께 드리는 입동신장축원문(155쪽)과 만병통치약과 같은 소원성취축원문(150쪽)을 독송하면서 기도하면 반드시 큰 효과를 볼 수 있다.

■ 5월생이 자녀를 훌륭하게 키우는 비법

5월생이 자녀를 훌륭하게 키우려면 '삼신제왕항내조아명문성가일심기원(三神帝王恒來助我名門成家一心祈願)'이라고 써서 남방위에 걸고, 자녀의 운을 관장하는 삼신제왕께 드리는 삼신제왕축원문(192쪽)과 인간의 건강과 수명을 관장하는 북두칠성께 드리는 북두칠성축원문(188쪽)과 5월생의 운세를 관장하는 대설신장께 드리는 대설신장축원문(156쪽)과 만병통치약과 같은 소원성취축원문(150쪽)을 독송하면서 기도하면 반드시 큰 효과를 볼 수 있다.

■ 6월생이 자녀를 훌륭하게 키우는 비법

6월생이 자녀를 훌륭하게 키우려면 '삼신제왕항내조아명문성가일심기원(三神帝王恒來助我名門成家一心祈願)'이라고 써서 남서남 방위에 걸고, 자녀의 운을 관장하는 삼신제왕께 드리는 삼신제왕축원문(192쪽)과 인간의 건강과 수명을 관장하는 북두칠성께 드리는 북두칠성축원문(188쪽)과 6월생의 운세를 관장하는 소한신장께 드리는 소한신장축원문(157쪽)과 만병통치약과 같은 소원성취축원문(150쪽)을 독송하면서 기도하면 반드시 큰 효과를 볼 수 있다.

■ 7월생이 자녀를 훌륭하게 키우는 비법

7월생이 자녀를 훌륭하게 키우려면 '삼신제왕항내조아명문성가일심기원(三神帝王恒來助我名門成家一心祈願)'이라고 써서 남서서 방위에 걸고, 자녀의 운을 관장하는 삼신제왕께 드리는 삼신제왕축원문(192쪽)과 인간의 건강과 수명을 관장하는 북두칠성께 드리는 북두칠성축원문(188쪽)과 7월생의 운세를 관장하는 입춘신장께 드리는 입춘신장축원문(158쪽)과 만병통치약과 같은 소원성취축원문(150쪽)을 독송하면서 기도하면 반드시 큰 효과를 볼 수 있다.

■ 8월생이 자녀를 훌륭하게 키우는 비법

8월생이 자녀를 훌륭하게 키우려면 '삼신제왕항내조아명문성가일심기원(三神帝王恒來助我名門成家一心祈願)'이라고 써서 서방위에 걸고, 자녀의 운을 관장하는 삼신제왕께 드리는 삼신제왕축원문(192쪽)과 인간의 건강과 수명을 관장하는 북두칠성께 드리는 북두

칠성축원문(188쪽)과 8월생의 운세를 관장하는 경칩신장께 드리는
경칩신장축원문(159쪽)과 만병통치약과 같은 소원성취축원문(150
쪽)을 독송하면서 기도하면 반드시 큰 효과를 볼 수 있다.

■ 9월생이 자녀를 훌륭하게 키우는 비법

9월생이 자녀를 훌륭하게 키우려면 '삼신제왕항내조아명문성가일
심기원(三神帝王恒來助我名門成家一心祈願)'이라고 써서 북서서
방위에 걸고, 자녀의 운을 관장하는 삼신제왕께 드리는 삼신제왕축
원문(192쪽)과 인간의 건강과 수명을 관장하는 북두칠성께 드리는
북두칠성축원문(188쪽)과 9월생의 운세를 관장하는 청명신장께 드
리는 청명신장축원문(160쪽)과 만병통치약과 같은 소원성취축원문
(150쪽)을 독송하면서 기도하면 반드시 큰 효과를 볼 수 있다.

■ 10월생이 자녀를 훌륭하게 키우는 비법

10월생이 자녀를 훌륭하게 키우려면 '삼신제왕항내조아명문성가
일심기원(三神帝王恒來助我名門成家一心祈願)'이라고 써서 북서북
방위에 걸고, 자녀의 운을 관장하는 삼신제왕께 드리는 삼신제왕축
원문(192쪽)과 인간의 건강과 수명을 관장하는 북두칠성께 드리는
북두칠성축원문(188쪽)과 10월생의 운세를 관장하는 입하신장께 드
리는 입하신장축원문(161쪽)과 만병통치약과 같은 소원성취축원문
(150쪽)을 독송하면서 기도하면 반드시 큰 효과를 볼 수 있다.

■ 11월생이 자녀를 훌륭하게 키우는 비법

11월생이 자녀를 훌륭하게 키우려면 '삼신제왕항내조아명문성가일심기원(三神帝王恒來助我名門成家一心祈願)'이라고 써서 북방위에 걸고, 자녀의 운을 관장하는 삼신제왕께 드리는 삼신제왕축원문(192쪽)과 인간의 건강과 수명을 관장하는 북두칠성께 드리는 북두칠성축원문(188쪽)과 11월생의 운세를 관장하는 소서신장께 드리는 소서신장축원문(162쪽)과 만병통치약과 같은 소원성취축원문(150쪽)을 독송하면서 기도하면 반드시 큰 효과를 볼 수 있다.

■ 12월생이 자녀를 훌륭하게 키우는 비법

12월생이 자녀를 훌륭하게 키우려면 '삼신제왕항내조아명문성가일심기원(三神帝王恒來助我名門成家一心祈願)'이라고 써서 북동북방위에 걸고, 자녀의 운을 관장하는 삼신제왕께 드리는 삼신제왕축원문(192쪽)과 인간의 건강과 수명을 관장하는 북두칠성께 드리는 북두칠성축원문(188쪽)과 12월생의 운세를 관장하는 망종신장께 드리는 망종신장축원문(163쪽)과 만병통치약과 같은 소원성취축원문(150쪽)을 독송하면서 기도하면 반드시 큰 효과를 볼 수 있다.

제24장. 대인관계를 잘 하는 비법

　인간은 사회적 동물이라고 하듯이, 사람은 혼자 살아갈 수 없다. 그러나 더불어 살다보면 좋은 일만 있는 것이 아니라, 때로는 대립과 반목·투쟁이 생기기도 한다. 우리 인간은 크게 보아 네 가지의 큰 은혜를 받으며 살아간다고 할 수 있다. 첫째는 천지의 무한한 은혜요, 둘째는 인류의 은혜요, 셋째는 국가의 은혜요, 넷째는 자연 만물의 은혜이다. 이 중에서도 인류의 뿌리는 하나로, 알고 보면 모두 형제자매이니 만나는 사람마다 좋은 인연으로 만들고, 남에게 이익을 주어야 결국은 나에게도 좋은 일이 생긴다.

　따라서 대인관계를 잘하려면 이 네 가지 은혜에 감사하는 사대보은축원문과 심신수양이 필요하니 심신수양축원문과 자신에게 해당하는 신장께 드리는 12절기 신장축원문과 만병통치약과 같은 소원성취축원문을 독송하면서 기도하면 반드시 큰 효과를 볼 수 있다.

■ 1월생이 대인관계를 잘 하는 비법

1월생이 대인관계를 잘하려면 북동동 방위에 '지은보은경천애인(知恩報恩敬天愛人)'이라고 써서 걸고, 네 가지에 은혜에 감사하는 사대보은축원문(193쪽)과 심신을 수양하는데 도움을 주는 심신수양축원문(187쪽)과 1월생의 운세를 관장하는 입추신장께 드리는 입추신장축원문(152쪽)과 만병통치약과 같은 소원성취축원문(150쪽)을 독송하면서 기도하면 반드시 큰 효과를 볼 수 있다.

■ 2월생이 대인관계를 잘 하는 비법

2월생이 대인관계를 잘하려면 동방위에 '지은보은경천애인(知恩報恩敬天愛人)'이라고 써서 걸고, 네 가지에 은혜에 감사하는 사대보은축원문(193쪽)과 심신을 수양하는데 도움을 주는 심신수양축원문(187쪽)과 2월생의 운세를 관장하는 백로신장께 드리는 백로신장축원문(153쪽)과 만병통치약과 같은 소원성취축원문(150쪽)을 독송하면서 기도하면 반드시 큰 효과를 볼 수 있다.

■ 3월생이 대인관계를 잘 하는 비법

3월생이 대인관계를 잘하려면 남동동 방위에 '지은보은경천애인(知恩報恩敬天愛人)'이라고 써서 걸고, 네 가지에 은혜에 감사하는 사대보은축원문(193쪽)과 심신을 수양하는데 도움을 주는 심신수양축원문(187쪽)과 3월생의 운세를 관장하는 한로신장께 드리는 한로신장축원문(154쪽)과 만병통치약과 같은 소원성취축원문(150쪽)을 독송하면서 기도하면 반드시 큰 효과를 볼 수 있다.

■ 4월생이 대인관계를 잘 하는 비법

4월생이 대인관계를 잘하려면 남동남 방위에 '지은보은경천애인(知恩報恩敬天愛人)'이라고 써서 걸고, 네 가지에 은혜에 감사하는 사대보은축원문(193쪽)과 심신을 수양하는데 도움을 주는 심신수양축원문(187쪽)과 4월생의 운세를 관장하는 입동신장께 드리는 입동신장축원문(155쪽)과 만병통치약과 같은 소원성취축원문(150쪽)을 독송하면서 기도하면 반드시 큰 효과를 볼 수 있다.

■ 5월생이 대인관계를 잘 하는 비법

5월생이 대인관계를 잘하려면 남방위에 '지은보은경천애인(知恩報恩敬天愛人)'이라고 써서 걸고, 네 가지에 은혜에 감사하는 사대보은축원문(193쪽)과 심신을 수양하는데 도움을 주는 심신수양축원문(187쪽)과 5월생의 운세를 관장하는 대설신장께 드리는 대설신장축원문(156쪽)과 만병통치약과 같은 소원성취축원문(150쪽)을 독송하면서 기도하면 반드시 큰 효과를 볼 수 있다.

■ 6월생이 대인관계를 잘 하는 비법

6월생이 대인관계를 잘하려면 남서남 방위에 '지은보은경천애인(知恩報恩敬天愛人)'이라고 써서 걸고, 네 가지에 은혜에 감사하는 사대보은축원문(193쪽)과 심신을 수양하는데 도움을 주는 심신수양축원문(187쪽)과 6월생의 운세를 관장하는 소한신장께 드리는 소한신장축원문(157쪽)과 만병통치약과 같은 소원성취축원문(150쪽)을 독송하면서 기도하면 반드시 큰 효과를 볼 수 있다.

■ 7월생이 대인관계를 잘 하는 비법

7월생이 대인관계를 잘하려면 남서서 방위에 '지은보은경천애인(知恩報恩敬天愛人)'이라고 써서 걸고, 네 가지에 은혜에 감사하는 사대보은축원문(193쪽)과 심신을 수양하는데 도움을 주는 심신수양축원문(187쪽)과 7월생의 운세를 관장하는 입춘신장께 드리는 입춘신장축원문(158쪽)과 만병통치약과 같은 소원성취축원문(150쪽)을 독송하면서 기도하면 반드시 큰 효과를 볼 수 있다.

■ 8월생이 대인관계를 잘 하는 비법

8월생이 대인관계를 잘하려면 서방위에 '지은보은경천애인(知恩報恩敬天愛人)'이라고 써서 걸고, 네 가지에 은혜에 감사하는 사대보은축원문(193쪽)과 심신을 수양하는데 도움을 주는 심신수양축원문(187쪽)과 8월생의 운세를 관장하는 경칩신장께 드리는 경칩신장축원문(159쪽)과 만병통치약과 같은 소원성취축원문(150쪽)을 독송하면서 기도하면 반드시 큰 효과를 볼 수 있다.

■ 9월생이 대인관계를 잘 하는 비법

9월생이 대인관계를 잘하려면 북서서 방위에 '지은보은경천애인(知恩報恩敬天愛人)'이라고 써서 걸고, 네 가지에 은혜에 감사하는 사대보은축원문(193쪽)과 심신을 수양하는데 도움을 주는 심신수양축원문(187쪽)과 9월생의 운세를 관장하는 청명신장께 드리는 청명신장축원문(160쪽)과 만병통치약과 같은 소원성취축원문(150쪽)을 독송하면서 기도하면 반드시 큰 효과를 볼 수 있다.

■ 10월생이 대인관계를 잘 하는 비법

 10월생이 대인관계를 잘하려면 북서북 방위에 '지은보은경천애인 (知恩報恩敬天愛人)'이라고 써서 걸고, 네 가지에 은혜에 감사하는 사대보은축원문(193쪽)과 심신을 수양하는데 도움을 주는 심신수양축원문(187쪽)과 10월생의 운세를 관장하는 입하신장께 드리는 입하신장축원문(161쪽)과 만병통치약과 같은 소원성취축원문(150쪽)을 독송하면서 기도하면 반드시 큰 효과를 볼 수 있다.

■ 11월생이 대인관계를 잘 하는 비법

11월생이 대인관계를 잘하려면 북방위에 '지은보은경천애인(知恩報恩敬天愛人)'이라고 써서 걸고, 네 가지에 은혜에 감사하는 사대보은축원문(193쪽)과 심신을 수양하는데 도움을 주는 심신수양축원문(187쪽)과 11월생의 운세를 관장하는 소서신장께 드리는 소서신장축원문(162쪽)과 만병통치약과 같은 소원성취축원문(150쪽)을 독송하면서 기도하면 반드시 큰 효과를 볼 수 있다.

■ 12월생이 대인관계를 잘 하는 비법

 12월생이 대인관계를 잘하려면 북동북 방위에 '지은보은경천애인 (知恩報恩敬天愛人)'이라고 써서 걸고, 네 가지에 은혜에 감사하는 사대보은축원문(193쪽)과 심신을 수양하는데 도움을 주는 심신수양축원문(187쪽)과 12월생의 운세를 관장하는 망종신장께 드리는 망종신장축원문(163쪽)과 만병통치약과 같은 소원성취축원문(150쪽)을 독송하면서 기도하면 반드시 큰 효과를 볼 수 있다.

제25장. 지혜롭고 총명해지는 비법

현대인들은 많은 문제를 겪으며 생활해야 하고, 생존경쟁에서 이기려면 남들보다 지혜롭고 총명해야 한다. 지혜로움과 총명함을 갖추려면 책을 많이 읽으며 많이 배우는 것도 중요하지만 총명지혜축원문과 자신에게 해당하는 신장께 드리는 12절기 신장축원문과 만병통치약과 같은 소원성취축원문을 독송하면서 기도하면 반드시 큰 효과를 볼 수 있을 것이다.

■ 1월생이 지혜롭고 총명해지는 비법

1월생이 지혜롭고 총명해지려면 북동동 방위에 '묵중언행총명지혜(默重言行聰明智慧)'라고 써서 걸고, 지혜로움과 총명함을 키워주는 총명지혜축원문(194쪽)과 1월생의 운세를 관장하는 입춘신장께 드리는 입춘신장축원문(152쪽)과 만병통치약과 같은 소원성취축원문(150쪽)을 독송하면서 기도하면 반드시 큰 효과를 볼 수 있을 것이다.

■ 2월생이 지혜롭고 총명해지는 비법

2월생이 지혜롭고 총명해지려면 동방위에 '묵중언행총명지혜(默重言行聰明智慧)'라고 써서 걸고, 지혜로움과 총명함을 키워주는 총명지혜축원문(194쪽)과 2월생의 운세를 관장하는 백로신장께 드리는 백로신장축원문(153쪽)과 만병통치약과 같은 소원성취축원문(150쪽)을 독송하면서 기도하면 반드시 큰 효과를 볼 수 있다.

■ 3월생이 지혜롭고 총명해지는 비법

3월생이 지혜롭고 총명해지려면 남동동 방위에 '묵중언행총명지혜(默重言行聰明智慧)'라고 써서 걸고, 지혜로움과 총명함을 키워주는 총명지혜축원문(194쪽)과 3월생의 운세를 관장하는 한로신장께 드리는 한로신장축원문(154쪽)과 만병통치약과 같은 소원성취축원문(150쪽)을 독송하면서 기도하면 반드시 큰 효과를 볼 수 있을 것이다.

■ 4월생이 지혜롭고 총명해지는 비법

4월생이 지혜롭고 총명해지려면 남동남 방위에 '묵중언행총명지혜(默重言行聰明智慧)'라고 써서 걸고, 지혜로움과 총명함을 키워주는 총명지혜축원문(194쪽)과 4월생의 운세를 관장하는 입동신장께 드리는 입동신장축원문(155쪽)과 만병통치약과 같은 소원성취축원문(150쪽)을 독송하면서 기도하면 반드시 큰 효과를 볼 수 있을 것이다.

■ 5월생이 지혜롭고 총명해지는 비법

5월생이 지혜롭고 총명해지려면 남방위에 '묵중언행총명지혜(默重言行聰明智慧)'라고 써서 걸고, 지혜로움과 총명함을 키워주는 총명지혜축원문(194쪽)과 5월생의 운세를 관장하는 대설신장께 드리는 대설신장축원문(156쪽)과 만병통치약과 같은 소원성취축원문(150쪽)을 독송하면서 기도하면 반드시 큰 효과를 볼 수 있다.

■ 6월생이 지혜롭고 총명해지는 비법

6월생이 지혜롭고 총명해지려면 남서남 방위에 '묵중언행총명지혜(默重言行聰明智慧)'라고 써서 걸고, 지혜로움과 총명함을 키워주는 총명지혜축원문(194쪽)과 6월생의 운세를 관장하는 소한신장께 드리는 소한신장축원문(157쪽)과 만병통치약과 같은 소원성취축원문(150쪽)을 독송하면서 기도하면 반드시 큰 효과를 볼 수 있을 것이다.

■ 7월생이 지혜롭고 총명해지는 비법

7월생이 지혜롭고 총명해지려면 남서서 방위에 '묵중언행총명지혜(默重言行聰明智慧)'라고 써서 걸고, 지혜로움과 총명함을 키워주는 총명지혜축원문(194쪽)과 7월생의 운세를 관장하는 입춘신장께 드리는 입춘신장축원문(158쪽)과 만병통치약과 같은 소원성취축원문(150쪽)을 독송하면서 기도하면 반드시 큰 효과를 볼 수 있을 것이다.

■ 8월생이 지혜롭고 총명해지는 비법

8월생이 지혜롭고 총명해지려면 서방위에 '묵중언행총명지혜(默重言行聰明智慧)'라고 써서 걸고, 지혜로움과 총명함을 키워주는 총명지혜축원문(194쪽)과 8월생의 운세를 관장하는 경칩신장께 드리는 경칩신장축원문(159쪽)과 만병통치약과 같은 소원성취축원문(150쪽)을 독송하면서 기도하면 반드시 큰 효과를 볼 수 있다.

■ 9월생이 지혜롭고 총명해지는 비법

9월생이 지혜롭고 총명해지려면 북서서 방위에 '묵중언행총명지혜(默重言行聰明智慧)'라고 써서 걸고, 지혜로움과 총명함을 키워주는 총명지혜축원문(194쪽)과 9월생의 운세를 관장하는 청명신장께 드리는 청명신장축원문(160쪽)과 만병통치약과 같은 소원성취축원문(150쪽)을 독송하면서 기도하면 반드시 큰 효과를 볼 수 있을 것이다.

■ 10월생이 지혜롭고 총명해지는 비법

10월생이 지혜롭고 총명해지려면 북서북 방위에 '묵중언행총명지혜(默重言行聰明智慧)'라고 써서 걸고, 지혜로움과 총명함을 키워주는 총명지혜축원문(194쪽)과 10월생의 운세를 관장하는 입하신장께 드리는 입하신장축원문(161쪽)과 만병통치약과 같은 소원성취축원문(150쪽)을 독송하면서 기도하면 반드시 큰 효과를 볼 수 있을 것이다.

■ 11월생이 지혜롭고 총명해지는 비법

　11월생이 지혜롭고 총명해지려면 북방위에 '묵중언행총명지혜(默重言行聰明智慧)'라고 써서 걸고, 지혜로움과 총명함을 키워주는 총명지혜축원문(194쪽)과 11월생의 운세를 관장하는 소서신장께 드리는 소서신장축원문(162쪽)과 만병통치약과 같은 소원성취축원문(150쪽)을 독송하면서 기도하면 반드시 큰 효과를 볼 수 있다.

■ 12월생이 지혜롭고 총명해지는 비법

　12월생이 지혜롭고 총명해지려면 북동북 방위에 '묵중언행총명지혜(默重言行聰明智慧)'라고 써서 걸고, 지혜로움과 총명함을 키워주는 총명지혜축원문(194쪽)과 12월생의 운세를 관장하는 망종신장께 드리는 망종신장축원문(163쪽)과 만병통치약과 같은 소원성취축원문(150쪽)을 독송하면서 기도하면 반드시 큰 효과를 볼 수 있을 것이다.

축원문 편

1. 소원성취축원문(所願成就祝願文)

소원성취축원문은 만병통치약과 같아 많이 독송할수록 좋고, 다른 축원문을 뒤에 독송하면 원하는 것을 더 빨리 이룰 수 있다.

심신건강(心身健康) 부부화합(夫婦和合)
사업발전(事業發展) 출세승진(出世昇進)
부귀영화(富貴榮華) 두뇌총명(頭腦聰明)
재물충만(財物充萬) 업장소멸(業障消滅)
수명장수(壽命長壽) 운수대통(運數大通)
자손번창(子孫繁昌) 만사형통(万事亨通)
재수소망(財數所望) 소원성취(所願成就)
추길피흉(追吉避凶) 선연상봉(善緣相逢)
마장불침(魔障不侵) 신명가호(神明加護)

■ 해설
몸과 마음이 건강하고 부부간에 화합하게 하여 주옵소서.
사업은 크게 발전하고 남보다 먼저 출세승진하게 하여 주옵소서.
부귀영화를 누리고 두뇌는 총명한 지혜를 얻게 하여 주옵소서.
재물은 산같이 충만하고 업장은 소멸되게 하여 주옵소서.
수명은 장수하고 운수는 대통하게 하여 주옵소서.
자손은 번창하고 만사는 막힘없이 형통하게 하여 주옵소서.
재수소망이 있고 소원성취을 모두 이루게 하여 주옵소서.
길복은 들어오고 흉화는 사라지며 선연을 상봉하게 하여 주옵소서.
마장은 침범하지 못하고 천지신명의 가호가 있게 하여 주옵소서.

2. 오방신장축원문(五方神將祝願文)

오방신장은 방위를 관장하는 신이다. 동방신장은 청색, 남방신장은 적색, 서방신장은 백색, 북방신장은 흑색, 중앙신장은 황색 갑옷을 입고 방위를 수호한다.

동방신장(東方神將) 내조아(來助我)
남방신장(南方神將) 내조아(來助我)
서방신장(西方神將) 내조아(來助我)
북방신장(北方神將) 내조아(來助我)
중앙신장(中央神將) 내조아(來助我)
옴… 급급여율령(急急 如律令)

■ 해설
동방신장님 오셔서 저를 도와주세요.
남방신장님 오셔서 저를 도와주세요.
서방신장님 오셔서 저를 도와주세요.
북방신장님 오셔서 저를 도와주세요.
중앙신장님 오셔서 저를 도와주세요.
급하고 급하오니 빨리 도와주세요.

3. 입추신장축원문(立秋神將祝願文)

입추신장은 1월생의 운세를 관장하는 신이다.

입추신장(立秋神將) 내조아(來助我)
갑신신장(甲申神將) 내조아(來助我)
병신신장(丙申神將) 내조아(來助我)
무신신장(戊申神將) 내조아(來助我)
경신신장(庚申神將) 내조아(來助我)
임신신장(壬申神將) 내조아(來助我)
옴… 급급여율령(急急 如律令)

■ 해설

입추신장님 오셔서 저를 도와주세요.
갑신신장님 오셔서 저를 도와주세요.
병신신장님 오셔서 저를 도와주세요.
무신신장님 오셔서 저를 도와주세요.
경신신장님 오셔서 저를 도와주세요.
임신신장님 오셔서 저를 도와주세요.
급하고 급하오니 빨리 도와주세요.

4. 백로신장축원문(白露神將祝願文)

백로신장은 2월생의 운세를 관장하는 신이다.

백로신장(白露神將) 내조아(來助我)
을유신장(乙酉神將) 내조아(來助我)
정유신장(丁酉神將) 내조아(來助我)
기유신장(己酉神將) 내조아(來助我)
신유신장(辛酉神將) 내조아(來助我)
계유신장(癸酉神將) 내조아(來助我)
옴… 급급여율령(急急如律令)

■ 해설
백로신장님 오셔서 저를 도와주세요.
을유신장님 오셔서 저를 도와주세요.
정유신장님 오셔서 저를 도와주세요.
기유신장님 오셔서 저를 도와주세요.
신유신장님 오셔서 저를 도와주세요.
계유신장님 오셔서 저를 도와주세요.
급하고 급하오니 빨리 도와주세요.

5. 한로신장축원문(寒露神將祝願文)

한로신장은 3월생의 운세를 관장하는 신이다.

한로신장(寒露神將) 내조아(來助我)

갑술신장(甲戌神將) 내조아(來助我)

병술신장(丙戌神將) 내조아(來助我)

무술신장(戊戌神將) 내조아(來助我)

경술신장(庚戌神將) 내조아(來助我)

임술신장(壬戌神將) 내조아(來助我)

옴… 급급여율령(急急如律令)

■ 해설

한로신장님 오셔서 저를 도와주세요.

갑술신장님 오셔서 저를 도와주세요.

병술신장님 오셔서 저를 도와주세요.

무술신장님 오셔서 저를 도와주세요.

경술신장님 오셔서 저를 도와주세요.

임술신장님 오셔서 저를 도와주세요.

급하고 급하오니 빨리 도와주세요.

6. 입동신장축원문(立冬神將祝願文)

입동신장은 4월생의 운세를 관장하는 신이다.

입동신장(立冬神將) 내조아(來助我)
을해신장(乙亥神將) 내조아(來助我)
정해신장(丁亥神將) 내조아(來助我)
기해신장(己亥神將) 내조아(來助我)
신해신장(辛亥神將) 내조아(來助我)
계해신장(癸亥神將) 내조아(來助我)
옴… 급급여율령(急急如律令)

■ 해설
입동신장님 오셔서 저를 도와주세요.
을해신장님 오셔서 저를 도와주세요.
정해신장님 오셔서 저를 도와주세요.
기해신장님 오셔서 저를 도와주세요.
신해신장님 오셔서 저를 도와주세요.
계해신장님 오셔서 저를 도와주세요.
급하고 급하오니 빨리 도와주세요.

7. 대설신장축원문(大雪神將祝願文)

대설신장은 5월생의 운세를 관장하는 신이다.

대설신장(大雪神將) 내조아(來助我)
갑자신장(甲子神將) 내조아(來助我)
병자신장(丙子神將) 내조아(來助我)
무자신장(戊子神將) 내조아(來助我)
경자신장(庚子神將) 내조아(來助我)
임자신장(壬子神將) 내조아(來助我)
옴… 급급여율령(急急如律令)

■ 해설
대설신장님 오셔서 저를 도와주세요.
갑자신장님 오셔서 저를 도와주세요.
병자신장님 오셔서 저를 도와주세요.
무자신장님 오셔서 저를 도와주세요.
경자신장님 오셔서 저를 도와주세요.
임자신장님 오셔서 저를 도와주세요.
급하고 급하오니 빨리 도와주세요.

8. 소한신장축원문(小寒神將祝願文)

소한신장은 6월생의 운세를 관장하는 신이다.

소한신장(小寒神將) 내조아(來助我)
을축신장(乙丑神將) 내조아(來助我)
정축신장(丁丑神將) 내조아(來助我)
기축신장(己丑神將) 내조아(來助我)
신축신장(辛丑神將) 내조아(來助我)
계축신장(癸丑神將) 내조아(來助我)
옴… 급급여율령(急急如律令)

■ 해설
소한신장님 오셔서 저를 도와주세요.
을축신장님 오셔서 저를 도와주세요.
정축신장님 오셔서 저를 도와주세요.
기축신장님 오셔서 저를 도와주세요.
신축신장님 오셔서 저를 도와주세요.
계축신장님 오셔서 저를 도와주세요.
급하고 급하오니 빨리 도와주세요.

9. 입춘신장축원문(立春神將祝願文)

입춘신장은 7월생의 운세를 관장하는 신이다.

입춘신장(立春神將) 내조아(來助我)
갑인신장(甲寅神將) 내조아(來助我)
병인신장(丙寅神將) 내조아(來助我)
무인신장(戊寅神將) 내조아(來助我)
경인신장(庚寅神將) 내조아(來助我)
임인신장(壬寅神將) 내조아(來助我)
옴… 급급여율령(急急如律令)

■ 해설
입춘신장님 오셔서 저를 도와주세요.
갑인신장님 오셔서 저를 도와주세요.
병인신장님 오셔서 저를 도와주세요.
무인신장님 오셔서 저를 도와주세요.
경인신장님 오셔서 저를 도와주세요.
임인신장님 오셔서 저를 도와주세요.
급하고 급하오니 빨리 도와주세요.

10. 경칩신장축원문(驚蟄神將祝願文)

경칩신장은 8월생의 운세를 관장하는 신이다.

경칩신장(驚蟄神將) 내조아(來助我)
을묘신장(乙卯神將) 내조아(來助我)
정묘신장(丁卯神將) 내조아(來助我)
기묘신장(己卯神將) 내조아(來助我)
신묘신장(辛卯神將) 내조아(來助我)
계묘신장(癸卯神將) 내조아(來助我)
옴… 음음여율령(急急如律令)

■ 해설
경칩신장님 오셔서 저를 도와주세요.
을묘신장님 오셔서 저를 도와주세요.
정묘신장님 오셔서 저를 도와주세요.
기묘신장님 오셔서 저를 도와주세요.
신묘신장님 오셔서 저를 도와주세요.
계묘신장님 오셔서 저를 도와주세요.
급하고 급하오니 빨리 도와주세요.

11. 청명신장축원문(淸明神將祝願文)

청명신장은 9월생의 운세를 관장하는 신이다.

청명신장(淸明神將) 내조아(來助我)
갑진신장(甲辰神將) 내조아(來助我)
병진신장(丙辰神將) 내조아(來助我)
무진신장(戊辰神將) 내조아(來助我)
경진신장(庚辰神將) 내조아(來助我)
임진신장(壬辰神將) 내조아(來助我)
옴… 급급여율령(急急如律令)

■ 해설
청명신장님 오셔서 저를 도와주세요.
갑진신장님 오셔서 저를 도와주세요.
병진신장님 오셔서 저를 도와주세요.
무진신장님 오셔서 저를 도와주세요.
경진신장님 오셔서 저를 도와주세요.
임진신장님 오셔서 저를 도와주세요.
급하고 급하오니 빨리 도와주세요.

12. 입하신장축원문(立夏神將祝願文)

입하신장은 10월생의 운세를 관장하는 신이다.

입하신장(立夏神將) 내조아(來助我)
을사신장(乙巳神將) 내조아(來助我)
정사신장(丁巳神將) 내조아(來助我)
기사신장(己巳神將) 내조아(來助我)
신사신장(辛巳神將) 내조아(來助我)
계사신장(癸巳神將) 내조아(來助我)
옴… 급급여율령(急急如律令)

■ 해설
입하신장님 오셔서 저를 도와주세요.
을사신장님 오셔서 저를 도와주세요.
정사신장님 오셔서 저를 도와주세요.
기사신장님 오셔서 저를 도와주세요.
신사신장님 오셔서 저를 도와주세요.
계사신장님 오셔서 저를 도와주세요.
급하고 급하오니 빨리 도와주세요.

13. 소서신장축원문(小暑神將祝願文)

소서신장은 11월생의 운세를 관장하는 신이다.

소서신장(小暑神將) 내조아(來助我)
갑오신장(甲午神將) 내조아(來助我)
병오신장(丙午神將) 내조아(來助我)
무오신장(戊午神將) 내조아(來助我)
경오신장(庚午神將) 내조아(來助我)
임오신장(壬午神將) 내조아(來助我)
옴… 급급여율령(急急如律令)

■ 해설
소서신장님 오셔서 저를 도와주세요.
갑오신장님 오셔서 저를 도와주세요.
병오신장님 오셔서 저를 도와주세요.
무오신장님 오셔서 저를 도와주세요.
경오신장님 오셔서 저를 도와주세요.
임오신장님 오셔서 저를 도와주세요.
급하고 급하오니 빨리 도와주세요.

14. 망종신장축원문(芒種神將祝願文)

망종신장은 12월생의 운세를 관장하는 신이다.

망종신장(芒種神將) 내조아(來助我)
을미신장(乙未神將) 내조아(來助我)
정미신장(丁未神將) 내조아(來助我)
기미신장(己未神將) 내조아(來助我)
신미신장(辛未神將) 내조아(來助我)
계미신장(癸未神將) 내조아(來助我)
옴… 급급여율령(急急如律令)

■ 해설
망종신장님 오셔서 저를 도와주세요.
을미신장님 오셔서 저를 도와주세요.
정미신장님 오셔서 저를 도와주세요.
기미신장님 오셔서 저를 도와주세요.
신미신장님 오셔서 저를 도와주세요.
계미신장님 오셔서 저를 도와주세요.
급하고 급하오니 빨리 도와주세요.

15. 오색신장축원문(五色神將祝願文)

오색신장은 색상을 관장하는 신이다. 청색신장은 인자하고, 적색신장은 예의가 바르고, 백색신장은 정의롭고, 흑색신장은 지혜롭고, 황색신장은 신의가 있고 후덕하다.

청색신장(靑色神將) 내조아(來助我)
적색신장(赤色神將) 내조아(來助我)
백색신장(白色神將) 내조아(來助我)
흑색신장(黑色神將) 내조아(來助我)
황색신장(黃色神將) 내조아(來助我)
옴… 급급여율령(急急如律令)

■ 해설
청색신장님 오셔서 저를 도와주세요.
적색신장님 오셔서 저를 도와주세요.
백색신장님 오셔서 저를 도와주세요.
흑색신장님 오셔서 저를 도와주세요.
황색신장님 오셔서 저를 도와주세요.
급하고 급하오니 빨리 도와주세요.

16. 오수신장축원문(五數神將祝願文)

오수신장은 수리를 관장하는 신이다. 일육신장은 지혜가 많고, 이
칠신장은 예의가 바르고, 삼팔신장은 인자하고, 사구신장은 정의롭
고, 오십신장은 중후하며 신의가 돈독하다.

일육신장(一六神將) 내조아(來助我)

이칠신장(二七神將) 내조아(來助我)

삼팔신장(三八神將) 내조아(來助我)

사구신장(四九神將) 내조아(來助我)

오십신장(五十神將) 내조아(來助我)

옴… 급급여율령(急急如律令)

■ 해설

일육신장님 오셔서 저를 도와주세요.

이칠신장님 오셔서 저를 도와주세요.

삼팔신장님 오셔서 저를 도와주세요.

사구신장님 오셔서 저를 도와주세요.

오십신장님 오셔서 저를 도와주세요.

급하고 급하오니 빨리 도와주세요.

17. 태세세군축원문(太歲歲君祝願文)

태세세군은 금년의 운세를 관장하는 신이다.

심신건강(心身健康) 태세세군(太歲歲君)
부부화합(夫婦和合) 태세세군(太歲歲君)
사업발전(事業發展) 태세세군(太歲歲君)
출세승진(出世昇進) 태세세군(太歲歲君)
부귀영화(富貴榮華) 태세세군(太歲歲君)
두뇌총명(頭腦聰明) 태세세군(太歲歲君)
재물충만(財物充滿) 태세세군(太歲歲君)
업장소멸(業障消滅) 태세세군(太歲歲君)
태세세군(太歲歲君) 항내조아(恒來助我)
금년일년(今年一年) 무사안전(無事安全)

■ 해설
심신이 건강하기를 태세세군님께 기원하나이다.
부부가 화합하기를 태세세군님께 기원하나이다.
사업이 발전하기를 태세세군님께 기원하나이다.
출세하고 승진하기를 태세세군님께 기원하나이다.
부귀영화를 누리도록 태세세군님께 기원하나이다.
두뇌가 총명하기를 태세세군님께 기원하나이다.
재물이 충만하기를 태세세군님께 기원하나이다.
업장이 소멸되기를 태세세군님께 기원하나이다.
태세세군님이 항상 함께 하시고 도와주시어
금년 일 년 내내 무사안전하기를 기원하나이다.

18. 부부화합축원문(夫婦和合祝願文)

부부의 화합을 도와주는 축원문이니 궁합이 나쁘더라도 많이 독송
하면 행복하게 백년해로할 수 있다.

합심신앙(合心信仰) 공경애정(恭敬愛情)
상신상의(相信相依) 상부상조(相扶相助)
예절불망(禮節不忘) 초애불망(初愛不忘)
절대화합(絶對和合) 일심동체(一心同體)
정직진실(正直眞實) 분노금지(忿怒禁止)
고성금지(高聲禁止) 비교금지(比較禁止)
결점불견(缺點不見) 과거불문(過去不問)
노중불침(怒中不寢) 직업근실(職業勤實)
단념금지(斷念禁止) 인연귀중(因緣貴重)

■ 해설
합심하여 신앙을 가지고 공경하고 애정을 가지며
서로 믿고 서로 의지하며 서로 서로 돕고 도우며
예절을 잊어버리지 말고 처음 사랑을 잊어버리지 말며
절대적 마음으로 화합하며 마음도 하나 몸도 하나가 되며
정직하고 진실하며 혈기와 분노를 금지하며
큰소리 지르는 것을 금지하며 남들과 비교함을 금지하며
상대의 결점을 보지말고 과거의 허물을 들추거나 묻지 말고
분노한 가운데 성생활을 말며 정당한 직업에 근실하며
이혼하겠다는 독한 마음을 금지하며
부부인연의 귀중함을 생각하나이다.

19. 천존신명축원문(天尊神明祝願文)

천존신명은 가장 높은 신으로 인간의 생사화복을 관장한다.

천상옥경(天上玉京) 원시천존(元始天尊)
옥청성경(玉淸聖京) 영보천존(靈寶天尊)
태청성경(太淸聖京) 도덕천존(道德天尊)
천상옥경(天上玉京) 옥황상제(玉皇上帝)
동극옥경(東極玉京) 청화대제(靑華大帝)
남극옥경(南極玉京) 장성대제(將星大帝)
서극옥경(西極玉京) 호령대제(號令大帝)
북극옥경(北極玉京) 자미대제(紫微大帝)
중극옥경(中極玉京) 무량대제(無量大帝)
옴… 급급여율령(急急如律令)

■ 해설
천상옥경 원시천존님의 거룩한 명호를 찬양하나이다.
옥청성경 영보천존님의 거룩한 명호를 찬양하나이다.
태청성경 도덕천존님의 거룩한 명호를 찬양하나이다.
천상옥경 옥황상제님의 거룩한 명호를 찬양하나이다.
동극옥경 청화대제님의 거룩한 명호를 찬양하나이다.
남극옥경 장성대제님의 거룩한 명호를 찬양하나이다.
서극옥경 호령대제님의 거룩한 명호를 찬양하나이다.
북극옥경 자미대제님의 거룩한 명호를 찬양하나이다.
중극옥경 무량대제님의 거룩한 명호를 찬양하나이다.
제가 지금 급하고 급하오니 빨리 도와주시옵소서.

20. 제석대신축원문(帝釋大神祝願文)

제석신명은 인간의 길운과 오복을 관장하는 신이다.

천상옥경(天上玉京) 제석대신(帝釋大神)
북두칠성(北斗七星) 제석대신(帝釋大神)
일월광명(日月光明) 제석대신(帝釋大神)
천지신명(天地神明) 제석대신(帝釋大神)
제불제성(諸佛諸聖) 제석대신(帝釋大神)
선신조령(善神祖靈) 제석대신(帝釋大神)
팔도명산(八道名山) 제석대신(帝釋大神)
사해택담(四海澤潭) 제석대신(帝釋大神)
제석대신(帝釋大神) 항내조아(恒來助我)
오복구비(五福具備) 일심기원(一心祈願)

■ 해설
천상옥경 제석대신님의 거룩한 명호를 찬양하나이다.
북두칠성 제석대신님의 거룩한 명호를 찬양하나이다.
일월광명 제석대신님의 거룩한 명호를 찬양하나이다.
천지신명 제석대신님의 거룩한 명호를 찬양하나이다.
제불제성 제석대신님의 거룩한 명호를 찬양하나이다.
선신조령 제석대신님의 거룩한 명호를 찬양하나이다.
팔도명산 제석대신님의 거룩한 명호를 찬양하나이다.
사해택담 제석대신님의 거룩한 명호를 찬양하나이다.
제석대신님이 오시어 항상 함께 하시고 저를 도와주시어
오복을 모두 구비하기를 일심으로 기원하나이다.

21. 심신건강축원문(心身健康祝願文)

심신을 건강하게 만드는데 도움을 주니 열심히 독송하면 좋다.

간담신경(肝膽神將) 심신건강(心身健康)
두뇌정신(頭腦精神) 심신건강(心身健康)
심장소장(心腸小腸) 심신건강(心身健康)
위장피부(胃腸皮膚) 심신건강(心身健康)
호흡대장(呼吸大腸) 심신건강(心身健康)
요도성기(尿道性器) 심신건강(心身健康)
이목구비(耳目口鼻) 심신건강(心身健康)
오장육부(五臟六腑) 심신건강(心身健康)
사지백체(四肢百體) 심신건강(心身健康)
심신건강(心身健康) 무한재산(無限財産)

■ 해설
간장과 담과 신경이 건강하기를 기원하나이다.
두뇌와 정신이 건강하기를 기원하나이다.
심장과 소장이 건강하기를 기원하나이다.
위장과 피부가 건강하기를 기원하나이다.
호흡과 대장이 건강하기를 기원하나이다.
요도와 성기가 건강하기를 기원하나이다.
이목구비가 모두 건강하기를 기원하나이다.
오장육부가 모두 건강하기를 기원하나이다.
사지백체가 모두 건강하기를 기원하나이다.
심신이 건강함은 무한한 재산이나이다.

소육다체(小肉多菜) 심신건강(心身健康)

소주다과(小酒多果) 심신건강(心身健康)

소차다보(小車多步) 심신건강(心身健康)

소욕다시(小慾多施) 심신건강(心身健康)

소의다욕(小依多浴) 심신건강(心身健康)

소번다면(小煩多眠) 심신건강(心身健康)

소언다행(小言多行) 심신건강(心身健康)

소염다수(小鹽多水) 심신건강(心身健康)

소식다작(小食多嚼) 심신건강(心身健康)

소분다소(小忿多笑) 심신건강(心身健康)

■ 해설

육류는 적게 먹고 채소를 많이 먹으면 심신이 건강하게 되며

술은 적게 마시고 과일을 많이 먹으면 심신이 건강하게 되며

차를 적게 타고 많이 걸으면 심신이 건강하게 되며

욕심은 적게 부리고 보시를 많이 하면 심신이 건강하게 되며

옷은 얇게 입고 목욕을 자주하면 심신이 건강하게 되며

번뇌를 적게 하고 잠을 충분히 자면 심신이 건강하게 되며

말은 적게 하고 행동을 많이 하면 심신이 건강하게 되며

짠 것을 적게 먹고 수분을 많이 보충하면 심신이 건강하게 되며

음식을 적게 먹되 많이 씹으면 심신이 건강하게 되며

화는 적게 내고 많이 웃으면 심신이 건강하게 되나이다.

22. 선조해원축원문(先祖解怨祝願文)

선조의 원을 풀어주는 축원문이다. 사람은 아버지와 어머니의 양가 혈통을 이어받으니 함께 축원한다.

서흥김씨(瑞興金氏) 제선조(諸先祖) : 남편의 아버지 조상
창녕성씨(昌寧成氏) 제선조(諸先祖) : 남편의 어머니 조상
대주조상(大主祖上) 제선조(諸先祖) : 남편의 모든 조상
경주정씨(慶州鄭氏) 제선조(諸先祖) : 아내의 아버지 조상
김해김씨(金海金氏) 제선조(諸先祖) : 아내의 어머니 조상
내주조상(內主祖上) 제선조(諸先祖) : 아내의 모든 조상
양가선조(兩家先祖) 내조아(來助我)
자손번창(子孫繁昌) 만만세(万万歲)
양가선조(兩家先祖) 내조아(來助我)
소원성취(所願成就) 만만세(万万歲)

■ 해설
남편의 아버지 계통 모든 선조님들 도와주시옵소서.
남편의 어머니 계통 모든 선조님들 도와주시옵소서.
남편의 양가 계통 모든 선조님들 도와주시옵소서.
아내의 아버지 계통 모든 선조님들 도와주시옵소서.
아내의 어머니 계통 모든 선조님들 도와주시옵소서.
아내의 양가 계통 모든 선조님들 도와주시옵소서.
남편과 아내의 양가 계통 모든 선조님들 도와주시어
자손들이 크게 번창하여 만세 만세 부르게 하옵소서.
남편과 아내의 양가 계통 모든 선조님들 도와주시어
소원성취하여 만세 만세 부르게 하여주시옵소서.

23. 염력강화축원문(念力强化祝願文)

염력을 강화시켜주는 축원문이다.

자기찬미(自己讚美) 염력강화(念力强化)
삼분착각(三分錯覺) 염력강화(念力强化)
긍정사고(肯定思考) 염력강화(念力强化)
희망설계(希望設計) 염력강화(念力强化)
자신만만(自信滿滿) 염력강화(念力强化)
용기백배(勇氣百倍) 염력강화(念力强化)
심변개운(心邊開運) 염력강화(念力强化)
운종심기(運從心起) 염력강화(念力强化)
절대신앙(絶對信仰) 염력강화(念力强化)
염력강화(念力强化) 무한능력(無限能力)

■ 해설

자기를 찬미하면 염력이 강하게 되나이다.
삼분 정도 착각하면 염력이 강하게 되나이다.
긍정적인 사고를 가지면 염력이 강하게 되나이다.
희망을 설계하면 염력이 강하게 되나이다.
자신만만하면 염력이 강하게 되나이다.
용기를 백배로 가지면 염력이 강하게 되나이다.
마음을 변화시켜 개운되면 염력이 강하게 되나이다.
마음이 일어나면 운도 따르고 염력이 강하게 되나이다.
절대적인 신앙을 가지면 염력이 강하게 되나이다.
염력을 강화시키면 무한한 능력이 되나이다.

24. 판단선택축원문(判斷選擇祝願文)

올바른 판단을 할 수 있도록 도와주는 축원문이다.

취사선택(取捨選擇) 권선징악(勸善懲惡)
정의사수(正義死守) 불의소멸(不義消滅)
연속적공(連續積功) 진리실천(眞理實踐)
산전수전(山戰水戰) 일취월장(日就月將)
백절불굴(百折不屈) 칠전팔기(七戰八起)
주경야독(晝耕夜讀) 주마가편(走馬加鞭)
일일신신(日日新新) 개과천선(改過遷善)
새옹지마(塞翁之馬) 유비무환(有備無患)
원만구족(圓滿具足) 공명정대(公明正大)

■ 해설
취할 것과 버릴 것을 잘 선택하고 선은 권하며 악은 징계하고
정의는 목숨걸고 사수하고 불의는 완전히 소멸시키며
쉬지말고 공덕을 쌓고 진리를 몸으로 실천하며
산전수전을 다 경험하고 일취월장으로 발전하여 나아가며
백절불굴의 정신으로 칠전팔기의 투쟁심을 가지며
주경야독으로 공부하고 주마가편식으로 전진에 전진을 거듭하며
날마다 날마다 새롭고 새로우며 개과천선으로 발전시키며
새옹지마의 교훈을 생각하여 유비무환으로 예방하며
원만구족하여 만사가 형통하며 공명정대하게 살게하소서.

25. 사업성공축원문(事業成功祝願文)

사업을 성공시키는데 도움을 주는 축원문이다.

천직선택(天職選擇) 운세순종(運勢順從)
전문경험(專門經驗) 소적대성(小積大成)
신용정직(信用正直) 자본준비(資本準備)
정보총명(情報聰明) 근검절약(勤儉節約)
선전광고(宣傳廣告) 친절봉사(親切奉仕)
순리안전(順理安全) 과욕금물(過慾禁物)
기술개발(技術開發) 노사화합(勞使和合)
신속정확(迅速正確) 인화단결(人和團結)
수지계산(收支計算) 신념확고(信念確固)

■ 해설

타고난 천직을 선택하고 흐르는 운세를 순종해야 성공하며
전문 지식과 경험을 갖고 작게 쌓아 크게 이루어야 성공하며
신용을 잃지 않고 정직하며 항상 자본이 넉넉해야 성공하며
날마다 변하는 정보에 총명하며 근검절약을 몸에 익혀야 성공하며
선전과 광고를 많이 하고 친절과 봉사가 바탕이 되어야 성공하며
순리에 따라 안전하게 진행하며 과욕을 부리지 않아야 성공하며
기술개발에 많이 투자하고 노사간에 화합해야 성공하며
신속하고 정확하며 화합과 단결을 중요시해야 성공하며
손익계산을 철저히 하고 신념이 확고해야 성공하나이다.

26. 금고대신축원문(金庫大神祝願文)

금고대신은 금전운을 관장하는 신이다.

재물충만(財物充滿) 금고대신(金庫大神)

사업발전(事業發展) 금고대신(金庫大神)

연속발복(連續發福) 금고대신(金庫大神)

문전성시(門前成市) 금고대신(金庫大神)

대형금고(大型金庫) 금고대신(金庫大神)

수중천금(手中千金) 금고대신(金庫大神)

부귀영화(富貴榮華) 금고대신(金庫大神)

명진사해(名振四海) 금고대신(金庫大神)

금고대신(金庫大神) 항내조아(恒來助我)

재물충만(財物充滿) 일심기원(一心祈願)

■ 해설

재물이 산같이 충만하도록 금고대신님이 도와주시옵소서.

사업이 크게 발전하도록 금고대신님이 도와주시옵소서.

계속 발복하도록 금고대신님이 도와주시옵소서.

문전성시를 이루도록 금고대신님이 도와주시옵소서.

대형금고를 가질 수 있도록 금고대신님이 도와주시옵소서.

천금을 지니고 살도록 금고대신님이 도와주시옵소서.

부귀영화를 다 누리도록 금고대신님이 도와주시옵소서.

출세성공하여 명진사해하도록 금고대신님이 도와주시옵소서.

금고대신님이 항상 함께 하시고 도와주시어

재물이 충만하기를 일심으로 기원하나이다.

27. 토지대신축원문(土地大神祝願文)

토지대신은 집의 토지를 관장하는 신이다.

동방정토(東方淨土) 토지대신(土地大神)
남방적토(南方赤土) 토지대신(土地大神)
서방백토(西方白土) 토지대신(土地大神)
북방흑토(北方黑土) 토지대신(土地大神)
중앙황토(中央黃土) 토지대신(土地大神)
명당옥토(明堂沃土) 토지대신(土地大神)
황금옥토(黃金玉土) 토지대신(土地大神)
토지대신(土地大神) 항내조아(恒來助我)
오복토지(五福土地) 일심기원(一心祈願)
옴… 급급여율령(急急如律令)

■ 해설
동방청토 토지대신님의 거룩한 명호를 찬양하나이다.
남방적토 토지대신님의 거룩한 명호를 찬양하나이다.
서방백토 토지대신님의 거룩한 명호를 찬양하나이다.
북방흑토 토지대신님의 거룩한 명호를 찬양하나이다.
중앙황토 토지대신님의 거룩한 명호를 찬양하나이다.
명당옥토 토지대신님의 거룩한 명호를 찬양하나이다.
황금복토 토지대신님의 거룩한 명호를 찬양하나이다.
토지대신님이 항상 함께 하시고 저를 도와주시어
오복의 토지를 많이 얻도록 일심으로 기원하나이다.
제가 지금 급하고 급하오니 빨리 오셔서 도와주시옵소서.

28. 삼재소멸축원문(三災消滅祝願文)

삼재를 소멸시켜주는 축원문이다.

천관조신(天官助神) 삼재소멸(三災消滅)
지관조신(地官助神) 삼재소멸(三災消滅)
수관조신(水官助神) 삼재소멸(三災消滅)
화관조신(火官助神) 삼재소멸(三災消滅)
년관조신(年官助神) 삼재소멸(三災消滅)
월관조신(月官助神) 삼재소멸(三災消滅)
일관조신(日官助神) 삼재소멸(三災消滅)
시관조신(時官助神) 삼재소멸(三災消滅)
일체조신(一切助神) 항내조아(恒來助我)
삼재소멸(三災消滅) 일심기원(一心祈願)

■ 해설
천관조신님께서 나의 삼재를 소멸시켜 주시옵소서.
지관조신님께서 나의 삼재를 소멸시켜 주시옵소서.
수관조신님께서 나의 삼재를 소멸시켜 주시옵소서.
화관조신님께서 나의 삼재를 소멸시켜 주시옵소서.
년관조신님께서 나의 삼재를 소멸시켜 주시옵소서.
월관조신님께서 나의 삼재를 소멸시켜 주시옵소서.
일관조신님께서 나의 삼재를 소멸시켜 주시옵소서.
시관조신님께서 나의 삼재를 소멸시켜 주시옵소서.
일체조신님들이 항상 함께 하시고 저를 도와주시어
삼재가 완전히 소멸되기를 일심으로 기원하나이다.

29. 처세안전축원문(處世安全祝願文)

처세를 안전하게 해주는 축원문으로 삼재가 들었을 때 함께 독송한다.

수심청정(修心淸淨) 구문견수(口門堅守)
불의제거(不義除去) 묵중언행(默重言行)
만사관대(万事寬大) 매사신중(每事愼重)
급시서행(急時徐行) 안시예방(安時予防)
한시준비(閑時準備) 화근불작(禍根不作)
인과응보(因果應報) 자업자득(自業自得)
온유겸손(溫柔謙遜) 혈기화근(血氣禍根)
대인화합(對人和合) 국충가효(國忠家孝)
인자무적(仁者無敵) 사필귀정(事必歸正)

■ 해설
수도하여 마음을 청정하게 하고 입을 굳게 지키며
불의는 제거하고 언행은 가볍지 않고 묵중하게 하며
만사에 덕을 베풀어 관대하고 매사에 주의하여 신중하며
급할 때 서행하고 평안할 때 예방하며
한가할 때 미리 준비하고 화근을 만들지 않으며
인과응보와 자업자득의 큰 진리를 깊이 깨닫고
온유겸손하면 복이 따르고 혈기부리는 것이 화근이며
인화를 잘 하고 국가에는 충성 가정에서는 효도하며
인자에게는 무적이오며 만사는 사필귀정이나이다.

30. 수호신장축원문(守護神將祝願文)

수호신장은 항상 우리의 주변을 지켜주는 신이다.

천상옥경(天上玉京) 천존신장(天尊神將)
천상옥경(天上玉京) 태을신장(太乙神將)
생사입문(生死入門) 변화신장(變化神將)
승천입지(昇天立地) 둔갑신장(遁甲神將)
적화절산(赤火絶山) 적화절산(霹靂神將)
동천동지(動天動地) 뇌공신장(雷攻神將)
황건역사(黃巾力士) 팔야신장(八野神將)
제위신장(諸位神將) 속출강림(速出降臨)
수호경비(守護警備) 내조아신(來助我身)
옴… 급급여율령(急急如律令)

■ 해설
천상옥경의 천존신장님이 도와주시옵소서.
천상옥경의 태을신장님이 도와주시옵소서.
생사입문의 변화신장님이 도와주시옵소서.
승천입지의 둔갑신장님이 도와주시옵소서.
적화절산의 벽력신장님이 도와주시옵소서.
동천동지의 뇌공신장님이 도와주시옵소서.
황건역사의 팔야신장님이 도와주시옵소서.
모든 신장님들은 속히 출동강림하시어
저를 수호하고 경비하여 도와주시옵소서.
수호신장님들이시여 급하오니 빨리 도와주시옵소서.

31. 동자신명축원문(童子神明祝願文)

동자신명은 높은 신명의 심부름을 하는 작은 신명이다.

천상옥경(天上玉京) 천상동자(天上童子)
북두칠성(北斗七星) 칠성동자(七星童子)
일월광명(日月光明) 일월동자(日月童子)
팔도명산(八道名山) 산신동자(山神童子)
동방청제(東方靑帝) 청의동자(靑衣童子)
남방적제(南方赤帝) 적의동자(赤衣童子)
서방백제(西方白帝) 백의동자(白衣童子)
북방흑제(北方黑帝) 흑의동자(黑衣童子)
중앙황제(中央黃帝) 황의동자(黃衣童子)
옴… 급급여율령(急急如律令)

■ 해설
천상옥경의 천상동자님이 도와주시옵소서.
북두칠성의 칠성동자님이 도와주시옵소서.
일월광명의 일월동자님이 도와주시옵소서.
팔도명산의 산신동자님이 도와주시옵소서.
동방청제에 청의동자님이 도와주시옵소서.
남방적제에 적의동자님이 도와주시옵소서.
서방백제에 백의동자님이 도와주시옵소서.
북방흑제에 흑의동자님이 도와주시옵소서.
중앙황제에 황의동자님이 도와주시옵소서.
제가 지금 급하오니 빨리 도와주시옵소서.

32. 선녀신명축원문(仙女神明祝願文)

선녀신명은 높은 신명의 심부름을 하는 여자신명이다.

천상옥경(天上玉京) 천상선녀(天上仙女)

북두칠성(北斗七星) 칠성선녀(七星仙女)

일월광명(日月光明) 일월선녀(日月仙女)

팔도명산(八道名山) 산신선녀(山神仙女)

동방청제(東方青帝) 청의선녀(青衣仙女)

남방적제(南方赤帝) 적의선녀(赤衣仙女)

서방백제(西方白帝) 백의선녀(白衣仙女)

북방흑제(北方黑帝) 흑의선녀(黑衣仙女)

중앙황제(中央黃帝) 황의선녀(黃衣仙女)

옴… 급급여율령(急急如律令)

■ 해설

천상옥경의 천상선녀님이 도와주시옵소서.

북두칠성의 칠성선녀님이 도와주시옵소서.

일월광명의 일월선녀님이 도와주시옵소서.

팔도명산의 산신선녀님이 도와주시옵소서.

동방청제에 청의선녀님이 도와주시옵소서.

남방적제에 적의선녀님이 도와주시옵소서.

서방백제에 백의선녀님이 도와주시옵소서.

북방흑제에 흑의선녀님이 도와주시옵소서.

중앙황제에 황의선녀님이 도와주시옵소서.

제가 지금 급하오니 빨리 도와주시옵소서.

33. 걸식걸립축원문(乞食乞粒祝願文)

거지잡신을 위로하는 축원문이다.

북두칠성(北斗七星) 칠성걸립(七星乞粒)

명당토지(明堂土地) 토지걸립(土地乞粒)

성황당산(城隍堂山) 성황걸립(城隍乞粒)

팔도명산(八道名山) 산신걸립(山神乞粒)

사해수택(四海水宅) 용궁걸립(龍宮乞粒)

문전걸식(門前乞食) 문전걸립(門前乞粒)

촌촌수호(村村守護) 장생걸립(長生乞粒)

선망후망(先亡後亡) 조상걸립(祖上乞粒)

일체걸립(一切乞粒) 평안좌정(平安座定)

포식음복(飽食蔭福) 귀천영계(鬼天靈界)

■ 해설

북두칠성의 칠성걸립님이 도와주시옵소서.

명당토지의 토지걸립님이 도와주시옵소서.

성황당산의 성황걸립님이 도와주시옵소서.

팔도명산의 산신걸립님이 도와주시옵소서.

사해수택의 용궁걸립님이 도와주시옵소서.

문전걸식의 문전걸립님이 도와주시옵소서.

촌촌수호의 장생걸립님이 도와주시옵소서.

선망후망의 조상걸립님이 도와주시옵소서.

일체걸립님들은 평안히 좌정하시어

포식하게 음복하시고 귀천영계하시옵소서.

34. 원통영혼해원문(怨痛靈魂解怨文)

원통한 영혼들을 달래주는 축원문이다.

천상지상(天上地上) 제원혼(諸怨魂)
유리방황(流離彷徨) 원통혼(怨痛魂)
천지대은(天地大恩) 피은덕(被恩德)
해원정사(解怨成事) 진광명(進光明)
천궁옥제(天宮玉帝) 즉자부(則慈父)
아등인생(我等人生) 즉애자(則愛子)
천지대은(天地大恩) 피은덕(被恩德)
원통영혼(怨痛靈魂) 총해원(叢解怨)
용서포용(容恕包容) 한소멸(恨消滅)
귀천극락(歸天極樂) 영생득(永生得)

■ 해설
천상과 지상에 있는 모든 원통한 영혼들이시여
정처없이 떠도는 유리방황하는 원통한 영혼들이시여
천지부모님의 시대적인 축복의 큰 은혜를 입으시어
한을 풀어 해원성사하시고 광명의 세계로 나아가옵소서.
천지부모님은 우리 인간의 자비로운 부모이시며
우리 인간들은 천지부모님의 사랑을 받는 자녀이나이다.
천지부모님의 시대적인 축복의 큰 은혜를 입으시어
원통한 영혼님들은 모든 원한을 푸시옵소서.
용서하는 마음으로 포용하여 원한을 소멸하시고
극락으로 들어가시어 영생복락을 누리시옵소서.

35. 도로신장축원문(道路神將祝願文)

도로신장은 길을 관장하는 신이다.

동방통행(東方通行) 도로신장(道路神將)
남방통행(南方通行) 도로신장(道路神將)
서방통행(西方通行) 도로신장(道路神將)
북방통행(北方通行) 도로신장(道路神將)
중앙통행(中央通行) 도로신장(道路神將)
고가통행(高架通行) 도로신장(道路神將)
지하통행(地下通行) 도로신장(道路神將)
우중통행(雨中通行) 도로신장(道路神將)
빙판통행(氷板通行) 도로신장(道路神將)
옴… 급급여율령(急急如律令)

■ 해설
동방으로 통행할 때 도로신장님께서 지켜주시옵소서.
남방으로 통행할 때 도로신장님께서 지켜주시옵소서.
서방으로 통행할 때 도로신장님께서 지켜주시옵소서.
북방으로 통행할 때 도로신장님께서 지켜주시옵소서.
중앙으로 통행할 때 도로신장님께서 지켜주시옵소서.
고가도로를 통행할 때 도로신장님께서 지켜주시옵소서.
지하도로를 통행할 때 도로신장님께서 지켜주시옵소서.
빗속을 통행할 때 도로신장님께서 지켜주시옵소서.
빙판길을 통행할 때 도로신장님께서 지켜주시옵소서.
제가 지금 위험하오니 급히 급히 도와주시옵소서.

36 팔문신장축원문(八門神將祝願文)

팔문신장은 동서남북 팔방사방을 관장하는 신이다.

건위천문(乾爲天門) 팔문신장(八門神將)
곤위지문(坤爲地門) 팔문신장(八門神將)
진위뇌문(震爲雷門) 팔문신장(八門神將)
손위풍문(巽爲風門) 팔문신장(八門神將)
감위수문(坎爲水門) 팔문신장(八門神將)
이위화문(離爲火門) 팔문신장(八門神將)
간위산문(艮爲山門) 팔문신장(八門神將)
태위택문(兌爲宅門) 팔문신장(八門神將)
팔문신장(八門神將) 항내조아(恒來助我)
무사안전(無事安全) 일심기원(一心祈願)

■ 해설
건위천문의 팔문신장님이 도와주시옵소서.
곤위지문의 팔문신장님이 도와주시옵소서.
진위뇌문의 팔문신장님이 도와주시옵소서.
손위풍문의 팔문신장님이 도와주시옵소서.
감위수문의 팔문신장님이 도와주시옵소서.
이위화문의 팔문신장님이 도와주시옵소서.
간위산문의 팔문신장님이 도와주시옵소서.
태위택문의 팔문신장님이 도와주시옵소서.
팔문신장님이 항상 저를 도와주시어
무사안전하기를 일심으로 기원하나이다.

37. 심신수양축원문(心身修養祝願文)

마음이 바르지 못한 사람이 돈이나 지식이나 힘이 많으면 도리어
죄악의 원인이 되니 마음을 갈고 닦을 때 드리는 축원문이다.

심지안정(心地安定) 사리총명(事理聰明)
정각정행(正覺正行) 감사생활(感謝生活)
지은보은(知恩報恩) 경천애인(敬天愛人)
교우화합(教友和合) 자력생활(自力生活)
공도순종(公道順從) 이타공덕(利他功德)
무아봉사(無我奉仕) 절대신앙(絶對信仰)
진리활용(眞理活用) 수희공덕(隋喜功德)
하처감사(何處感謝) 하사만족(何事滿足)
은혜충만(恩惠充滿) 일심불변(一心不變)

■ 해설
마음을 수양하여 안정되고 총명한 지혜를 갖게 하옵소서.
바르게 깨닫고 행하며 모든 일에 감사하며 생활하게 하옵소서.
은혜를 알고 보은에 노력하며 경천애인의 마음을 갖게 하옵소서.
교우들과 화합하며 남에게 의존하지 않고 생활하게 하옵소서.
공적인 도리에 순종하고 남을 이롭게 하는 공덕을 쌓게 하옵소서.
무아의 마음으로 봉사하며 정도와 절대 신앙을 갖게 하옵소서.
진리를 생활에 활용하며 기뻐하는 수희공덕을 쌓게 하옵소서.
어디서나 감사하며 무슨 일이나 만족하게 하옵소서.
항상 은혜가 충만하며 정도에 대한 일심불변을 갖게 하옵소서.

38. 북두칠성축원문(北斗七星祝願文)

북두칠성은 건강과 장수를 관장하는 신이다.

탐랑성군(貪狼星君) 칠성대신(七星大神)

거문성군(巨門星君) 칠성대신(七星大神)

녹존성군(祿存星君) 칠성대신(七星大神)

문곡성군(文曲星君) 칠성대신(七星大神)

염정성군(廉貞星君) 칠성대신(七星大神)

무곡성군(武曲星君) 칠성대신(七星大神)

파군성군(破軍星君) 칠성대신(七星大神)

칠성대신(七星大神) 항내조아(恒來助我)

수명장수(壽命長壽) 일심기원(一心祈願)

옴… 급급여율령(急急如律令)

■ 해설

탐랑성군 칠성대신님의 거룩한 명호를 찬양하나이다.

거문성군 칠성대신님의 거룩한 명호를 찬양하나이다.

녹존성군 칠성대신님의 거룩한 명호를 찬양하나이다.

문곡성군 칠성대신님의 거룩한 명호를 찬양하나이다.

염정성군 칠성대신님의 거룩한 명호를 찬양하나이다.

무곡성군 칠성대신님의 거룩한 명호를 찬양하나이다.

파군성군 칠성대신님의 거룩한 명호를 찬양하나이다.

칠성대신님이 항상 함께 하시고 저를 도와주시어

건강하고 수명장수하기를 일심으로 기원하나이다.

제가 지금 급하고 급하오니 빨리 도와주시옵소서.

39. 오관신명축원문(五官神明祝願文)

오관신명은 이목구비를 관장하는 신이다.

안목신령(眼目神將) 항내조아(恒來助我)

언어신령(言語神將) 항내조아(恒來助我)

음식신령(飮食神將) 항내조아(恒來助我)

호흡신령(呼吸神將) 항내조아(恒來助我)

청음신령(淸音神將) 항내조아(恒來助我)

이목구비(耳目口鼻) 심신건강(心身健康)

오장육부(五臟六腑) 심신건강(心身健康)

사지백체(四肢百體) 심신건강(心身健康)

오관신명(五官神明) 항내조아(恒來助我)

심신건강(心身健康) 일심기원(一心祈願)

■ 해설

눈을 보호하시는 안목신령님이 항상 저를 도와주시옵소서.

말을 보호하시는 언어신령님이 항상 저를 도와주시옵소서.

음식을 보호하시는 음식신령님이 항상 저를 도와주시옵소서.

호흡을 보호하시는 호흡신령님이 항상 저를 도와주시옵소서.

귀를 보호하시는 청음신령님이 항상 저를 도와주시옵소서.

이목구비가 건강하도록 항상 저를 도와주시옵소서.

오장육부가 건강하도록 항상 저를 도와주시옵소서.

사지백체가 건강하도록 항상 저를 도와주시옵소서.

오관신명님이 항상 저와 함께 하시고 도와주시어

몸과 마음이 항상 건강하기를 일심으로 기원하나이다.

40. 성주대신축원문(城主大神祝願文)

가족건강(家族健康) 성주대신(城主大神)
부부화합(夫婦和合) 성주대신(城主大神)
효자효녀(孝子孝女) 성주대신(城主大神)
부자유친(父子有親) 성주대신(城主大神)
형제우애(兄弟友愛) 성주대신(城主大神)
친척화목(親戚和睦) 성주대신(城主大神)
무병장수(無病長壽) 성주대신(城主大神)
오복구비(五福具備) 성주대신(城主大神)
성주대신(城主大神) 항내조아(恒來助我)
태평성가(太平成家) 일심기원(一心祈願)
옴… 급급여율령(急急如律令)

■ 해설
가족이 건강하도록 성주대신께서 도와주시옵소서.
부부가 화합하도록 성주대신께서 도와주시옵소서.
자녀들은 효자효녀가 되도록 성주대신께서 도와주시옵소서.
부모와 자녀간에 정이 넘치도록 성주대신께서 도와주시옵소서.
형제간에 우애가 있도록 성주대신께서 도와주시옵소서.
친척간에 화목하도록 성주대신께서 도와주시옵소서.
질병에 걸리지 않고 장수하도록 성주대신께서 도와주시옵소서.
오복을 모두 구비하도록 성주대신께서 도와주시옵소서.
성주대신님이 오셔서 항상 함께 하시고 저를 도와주시어
태평성가를 만들도록 일심으로 기원하나이다.
우리 가정이 급하고 급하오니 빨리 도와주시옵소서.

41. 부부정도축원문(夫婦正道祝願文)

부부의 정도를 일깨워주는 축원문이다.

인즉이인(人則二人) 남녀부부(男女夫婦)
가정원화(家庭圓和) 만사개성(万事皆成)
음양조화(陰陽調和) 생명탄생(生命誕生)
혈통연결(血統連結) 만복근원(万福根源)
위생위사(爲生爲死) 선희선수(先犧先授)
부부동주(夫婦同舟) 공동운명(共同運命)
천국기초(天國基礎) 인륜대도(人倫大道)
남즉관부(男則寬夫) 여즉애처(女則愛妻)
역지사지(易地思之) 진애진망(盡愛盡忘)
군자자책(君子自責) 소인타책(小人他責)

■ 해설

인간은 즉 두 사람이니 남자와 여자가 만나 결혼한 부부이며
가정이 원만하고 화합하면 만사가 다 평안하게 이루어지며
음인 아내와 양인 남편이 조화를 이루면 생명이 탄생하며
자녀가 태어나고 혈통이 연결되는 것이 만복의 근원이며
상대를 위하여 살며 먼저 희생하고 먼저 주며
부부는 같은 배를 탔으니 생사고락을 함께하는 공동운명이며
참가정은 천국의 기초이며 인간윤리의 가장 큰 길이며
남자는 관대한 남편이 되어야 하고 여자는 애처가 되어야 하며
상대의 입장에서 생각하며 사랑을 다하고 준 것을 기억하지 않고
군자는 잘못을 자책하고 소인은 잘못을 타인에게 돌린다.

42. 삼신제왕축원문(三神帝王祝願文)

삼신제왕은 자녀의 운을 관장하는 신이다.

효자탄생(孝子誕生) 삼신제왕(三神帝王)
효녀탄생(孝女誕生) 삼신제왕(三神帝王)
충신탄생(忠臣誕生) 삼신제왕(三神帝王)
열녀탄생(烈女誕生) 삼신제왕(三神帝王)
군자탄생(君子誕生) 삼신제왕(三神帝王)
성현탄생(聖賢誕生) 삼신제왕(三神帝王)
건강장수(健康長壽) 삼신제왕(三神帝王)
부귀영화(富貴榮華) 삼신제왕(三神帝王)
삼신제왕(三神帝王) 항내조아(恒來助我)
명문성가(名門成家) 일심기원(一心祈願)

■ 해설
효자를 탄생시켜주시는 신령님은 바로 삼신제왕이시나이다.
효녀를 탄생시켜주시는 신령님도 바로 삼신제왕이시나이다.
충신를 탄생시켜주시는 신령님도 바로 삼신제왕이시나이다.
열녀를 탄생시켜주시는 신령님도 바로 삼신제왕이시나이다.
군자를 탄생시켜주시는 신령님도 바로 삼신제왕이시나이다.
성현를 탄생시켜주시는 신령님도 바로 삼신제왕이시나이다.
건강장수할 자녀를 주시는 신령님도 바로 삼신제왕이시나이다.
부귀영화를 누릴 자녀를 주시는 신령님도 삼신제왕이시나이다.
삼신제왕님께서 항상 저를 도와주시어 좋은 자녀를 얻어
빛나는 명문성가를 이룩하도록 일심으로 기원하나이다.

43. 사대보은축원문(四大報恩祝願文)

우리 인간은 첫째는 천지의 무한한 은혜요, 둘째는 인류의 은혜요, 셋째는 국가의 은혜요, 넷째는 자연만물의 은혜를 받으며 살아간다. 이 4가지 은혜에 감사하는 축원문이다.

천지부모(天地父母) 무량대은(無量大恩)
효심봉천(孝心奉天) 지성감천(至誠感天)
인류동근(人類同根) 형제자매(兄弟姉妹)
인화길연(人和吉緣) 이타공덕(利他功德)
국법준수(國法遵守) 의무충실(義務充實)
질서존중(秩序尊重) 사회정화(社會淨化)
자연보호(自然保護) 만물절약(万物節約)
공도헌납(公道獻納) 적선공덕(積善功德)
사대보은(四大報恩) 명심불망(銘心不忘)

■ 해설
천지부모님의 은혜는 너무나 크고 크니 무량대은인지라
오직 효심을 다하고 봉천으로 지성감천을 다할 뿐이나이다.
인류는 같은 뿌리라 알고 보면 형제자매와 같은 관계이니
인화길연에 노력하고 남을 이롭게 하는 것이 공덕이나이다.
국법을 엄중하게 준수하고 의무에 충실한 사람이 되어
질서를 존중하며 선진사회로 발전 정화시켜야 하나이다.
자연을 보호하고 만물을 절약하는 것이 보은하는 것이며
재산은 죽을 때 공도에 헌납하는 것이 공덕이나이다.
사대보은축원문을 많이 독송하여 명심불망하겠나이다.

44. 총명지혜축원문(研究智慧祝願文)

총명함과 지혜로움을 갖추는데 도움을 주는 축원문이다.

사리연구(事理研究) 지혜개발(智慧開發)
의견교환(意見交換) 의문해결(疑問解決)
경전연습(經典練習) 도학참고(道學參考)
자기성찰(自己省察) 대조연마(對照研磨)
재덕겸비(才德兼備) 박학다식(博學多識)
지공무사(至公無私) 신언서판(身言書判)
전화위복(轉禍爲福) 전심전력(全心全力)
타산지석(他山之石) 타인견문(他人見聞)
고진감래(苦盡甘來) 독파만권(讀破万卷)

■ 해설
일과 이치의 사리를 연구하여 총명한 지혜를 개발하게 하옵소서.
의견을 교환하고 의문을 해결하는 총명한 지혜를 얻게 하옵소서.
경전을 연습하고 도학을 참고하여 총명한 지혜를 얻게 하옵소서.
자기를 성찰하고 대조하고 연마하여 총명한 지혜를 얻게 하옵소서.
재덕을 겸비하고 박학다식하여 총명한 지혜를 얻게 하옵소서.
지공무사한 마음과 신언서판으로 총명한 지혜를 얻게 하옵소서.
전화위복을 생각하고 전심전력하여 총명한 지혜를 얻게 하옵소서.
타산지석으로 타인에게 견문하여 총명한 지혜를 얻게 하옵소서.
고진감래하고 독파만권으로 총명한 지혜를 얻게 하옵소서.

삼한출판사의
신비한 동양철학 시리즈

적천수 정설
유백온 선생의 적천수 원본을 정석으로 해설

원래 유백온 선생이 저술한 적천수의 원문은 그렇게 많지가 않으나, 후학들이 각각 자신의 주장으로 해설하여 많아졌다. 이 책은 적천수 원문을 보고 30년 역학의 경험을 총동원하여 해설했다. 물론 백퍼센트 정확하다고 주장할 수는 없다. 다만 한국과 일본을 오가면서 실제 의 경험담을 함께 실었다. 공부하는 사람들에게는 많은 도움이 될 것이라 믿는다.

신비한 동양철학 82 | 역산 김찬동 편역 | 692면 | 34,000원 | 신국판

궁통보감 정설
궁통보감 원문을 쉽고 자세하게 해설

『궁통보감(窮通寶鑑)』은 5대원서 중에서 가장 이론적이며 사리에 맞는 책이며, 조후(調候)를 중심으로 설명하며 간명한 것이 특징이다. 역학을 공부하는 학도들에게 도움을 주려고 먼저 원문에 음독을 단 다음 해설하였다. 그리고 예문은 서낙오(徐樂吾) 선생이 해설한 것을 그대로 번역하였고, 저자가 상담한 사람들의 사주와 점서에 있는 사주들을 실었다.

신비한 동양철학 83 | 역산 김찬동 편역 | 768면 | 39,000원 | 신국판

연해자평 정설(1 · 2권)
연해자평의 완결판

연해자평의 저자 서자평은 중국 송대의 대음양 학자로 명리학의 비조일 뿐만 아니라 천문점성에도 밝았다. 이전에는 년(年)을 기준으로 추명했는데 적중률이 낮아 서자평이 일간(日干)을 기준으로 하고, 일지(日支)를 배우자로 보는 이론을 발표하면서 명리학은 크게 발전해 오늘에 이르렀다. 때문에 연해자평은 5대 원서 중에서도 필독하지 않으면 안 되는 책이다.

신비한 동양철학 101 | 김찬동 편역 | 1권 559면, 2권 309면 | 1권 33,000원, 2권 20,000원 | 신국판

명리입문
명리학의 정통교본

이 책은 옛부터 있었던 글들이나 너무 여기 저기 산만하게 흩어져 있어 공부하는 사람들에게는 많은 시간과 인내를 필요로 하였다. 그래서 한 군데 묶어 좀더 보기 쉽고 알기 쉽도록 엮은 것이다.

신비한 동양철학 41 | 동하 정지호 저 | 678면 | 29,000원 | 신국판 양장

조화원약 평주
명리학의 정통교본

자평진전, 난강망, 명리정종, 적천수 등과 함께 명리학의 교본에 해당하는 것으로 중국 청나라 때 나온 난강망이라는 책을 서낙오 선생께서 자세하게 설명을 붙인 것이다. 기존의 많은 책들이 오직 격국과 용신을 중심으로 감정하는 것과는 달리 십간십이지와 음양오행을 각각 자연의 이치와 춘하추동의 사계절의 흐름에 대입하여 인간의 길흉화복을 알 수 있게 했다.

신비한 동양철학 36 | 동하 정지호 편역 | 888면 | 39,000원 | 신국판

사주대성
초보에서 완성까지

이 책은 과거 현재 미래를 모두 알 수 있는 비결을 실었다. 그러나 모두 터득한다는 것은 어려울 것이다.역학은 수천 년간 동방의 석학들에 의해 갈고 닦은 철학이요 학문이며, 정신문화로서 영과학적인 상수문화로서 자랑할만한 위대한 학문이다.

신비한 동양철학 33 | 도관 박흥식 저 | 986면 | 46,000원 | 신국판 양장

쉽게 푼 역학(개정판)
쉽게 배워서 적용할 수 있는 생활역학서 !

이 책에서는 좀더 많은 사람들이 역학의 근본인 우주의 오묘한 진리와 법칙을 깨달아 보다 나은 삶을 영위하는데 도움이 될 수 있도록 가장 쉬운 언어와 가장 쉬운 방법으로 풀이했다. 역학계의 대가 김봉준 선생의 역작이다.

신비한 동양철학 71 | 백우 김봉준 저 | 568면 | 30,000원 | 신국판

사주명리학 핵심
맥을 잡아야 모든 것이 보인다
이 책은 잡다한 설명을 배제하고 명리학자에게 도움이 될 비법들만을 모아 엮었기 때문에 초심자가 이해하기에는 다소 어려운 부분도 있겠지만 기초를 튼튼히 한 다음 정독한다면 충분히 이해할 것이다. 신살만 늘어놓으며 감정하는 사이비가 되지말기를 바란다.
신비한 동양철학 19 | 도관 박흥식 저 | 502면 | 20,000원 | 신국판

물상활용비법
물상을 활용하여 오행의 흐름을 파악한다
이 책은 물상을 통하여 오행의 흐름을 파악하고 운명을 감정하는 방법을 연구한 책이다. 추명학의 해법을 연구하고 운명을 추리하여 오행에서 분류되는 물질의 운명 줄거리를 물상의 기물로 나들이 하는 활용법을 주제로 했다. 팔자풀이 및 운명해설에 관한 명리감정법의 체계를 세우는데 목적을 두고 초점을 맞추었다.
신비한 동양철학 31 | 해주 이학성 저 | 446면 | 26,000원 | 신국판

신수대전
흉함을 피하고 길함을 부르는 방법
신수는 대부분 주역과 사주추명학에 근거한다. 수많은 학설 중 몇 가지를 보면 사주명리, 자미두수, 관상, 점성학, 구성학, 육효, 토정비결, 매화역수, 대정수, 초씨역림, 황극책수, 하락리수, 범위수, 월영도, 현무발서, 철판신수, 육임신과, 기문둔갑, 태을신수 등이다. 역학에 정통한 고사가 아니면 추단하기 어려우므로 누구나 신수를 볼 수 있도록 몇 가지를 정리했다.
신비한 동양철학 62 | 도관 박흥식 편저 | 528면 | 36,000원 | 신국판 양장

정법사주
운명판단의 첩경을 이루는 책
이 책은 사주추명학을 연구하고자 하는 분들에게 심오한 주역의 이해를 돕고자 하는 의도에서 시작되었다. 음양오행의 상생상극에서부터 육친법과 신살법을 기초로 하여 격국과 용신 그리고 유년판단법을 활용하여 운명판단에 첩경이 될 수 있도록 했고 추리응용과 운명감정의 실례를 하나하나 들어가면서 독학과 강의용 겸용으로 엮었다.
신비한 동양철학 49 | 원각 김구현 저 | 424면 | 26,000원 | 신국판 양장

내가 보고 내가 바꾸는 DIY사주
내가 보고 내가 바꾸는 사주비결
기존의 책들과는 달리 한 사람의 사주를 체계적으로 도표화시켜 한 눈에 파악할 수 있고, DIY라는 책 제목에서 말하듯이 개운하는 방법을 제시한다. 초심자는 물론 전문가도 자신의 이론을 새롭게 재조명해 볼 수 있는 케이스 스터디 북이다.
신비한 동양철학 39 | 석오 전광 저 | 338면 | 16,000원 | 신국판

인터뷰 사주학
쉽고 재미있는 인터뷰 사주학
얼마전만 해도 사주학을 취급하면 미신을 다루는 부류로 취급되었다. 그러나 지금은 하루가 다르게 이 학문을 공부하는 사람들이 폭증하고 있는 것으로 보인다. 젊은 층에서 사주카페니 사주방이니 사주동아리 하는 것들이 만들어지고 그 모임이 활발하게 움직이고 있다는 점이 그것을 증명해준다. 그뿐 아니라 대학원에는 역학교수들이 점차로 증가하고 있다.
신비한 동양철학 70 | 글갈 정대엽 편저 | 426면 | 16,000원 | 신국판

사주특강
자평진전과 적천수의 재해석
이 책은 『자평진전』과 『적천수』를 근간으로 명리학의 폭넓은 가치를 인식하고, 실전에서 유용한 기반을 다지는데 중점을 두고 썼다. 일찍이 『자평진전』을 교과서로 삼고, 『적천수』로 보완하라는 서낙오의 말에 깊이 공감한다.
신비한 동양철학 68 | 청월 박상의 편저 | 440면 | 25,000원 | 신국판

참역학은 이렇게 쉬운 것이다
음양오행의 이론으로 이루어진 참역학서
수학공식이 아무리 어렵다고 해도 1, 2, 3, 4, 5, 6, 7, 8, 9, 0의 10개의 숫자로 이루어졌듯이 사주도 음양과 오행으로 이루어졌을 뿐이다. 그러니 용신과 격국이라는 무거운 짐을 벗어버리고 음양오행의 법칙과 진리만 정확하게 파악하면 된다. 사주는 음양오행의 변화일 뿐이고 용신과 격국은 사주를 감정하는 한 가지 방법에 지나지 않는다.
신비한 동양철학 24 | 청암 박재현 저 | 328면 | 16,000원 | 신국판

사주에 모든 길이 있다
사주를 알면 운명이 보인다!
사주를 간명하는데 조금이라도 도움이 됐으면 하는 바람에서 이 책을 썼다. 간명의 근간인 오행의 왕쇠강약을 세분하고, 대운과 세운, 세운과 월운의 연관성과, 십신과 여러 살이 미치는 암시와, 십이운성으로 세운을 판단하는 법을 설명했다.
신비한 동양철학 65 | 정담 선사 편저 | 294면 | 26,000원 | 신국판 양장

왕초보 내 사주
초보 입문용 역학서
이 책은 역학을 너무 어렵게 생각하는 초보자들에게 조금이나마 도움을 주고자 쉽게 엮으려고 노력했다. 이 책을 숙지한 후 역학(易學)의 5대 원서인 『적천수(滴天髓)』, 『궁통보감(窮通寶鑑)』, 『명리정종(命理正宗)』, 『연해자평(淵海子平)』, 『삼명통회(三命通會)』에 접근한다면 훨씬 쉽게 터득할 수 있을 것이다. 이 책들은 저자가 이미 편역하여 삼한출판사에서 출간한 것도 있고, 앞으로 모두 갖출 것이니 많이 활용하기 바란다.
신비한 동양철학 84 | 역산 김찬동 편저 | 278면 | 19,000원 | 신국판

명리학연구
체계적인 명확한 이론
이 책은 명리학 연구에 핵심적인 내용만을 모아 하나의 독립된 장을 만들었다. 명리학은 분야가 넓어 공부를 하다보면 주변에 머무르는 경우가 많아, 주요 내용을 잃고 헤매는 경우가 많다. 그러므로 뼈대를 잡는 것이 중요한데, 여기서는 「17장. 명리대요」에 핵심 내용만을 모아 학문의 체계를 잡는데 용이하게 하였다.
신비한 동양철학 59 | 권중주 저 | 562면 | 29,000원 | 신국판 양장

말하는 역학
신수를 묻는 사람 앞에서 술술 말문이 열린다
그토록 어렵다는 사주통변술을 쉽고 흥미롭게 고담과 덕담을 곁들여 사실적으로 생동감 있게 통변했다. 길흉을 어떻게 표현하느냐에 따라 상담자의 정곡을 찔러 핵심을 끌어내어 정답을 내리는 것이 통변술이다.역학계의 대가 김봉준 선생의 역작.
신비한 동양철학 11 | 백우 김봉준 저 | 576면 | 26,000원 | 신국판 양장

통변술해법
가닥가닥 풀어내는 역학의 비법
이 책은 역학과 상대에 대해 머리로는 다 알면서도 밖으로 표출되지 않아 어려움을 겪는 사람들을 위한 실습서다. 특히 실명감정과 이론강의로 나누어 역학의 진리를 설명하여 초보자도 쉽게 이해할 수 있다. 역학계의 대가 김봉준 선생의 역서인 「알기쉬운 해설·말하는 역학」이 나온 후 후편을 써달라는 열화같은 요구에 못이겨 내놓은 바로 그 책이다.
신비한 동양철학 21 | 백우 김봉준 저 | 392면 | 26,000원 | 신국판 양장

술술 읽다보면 통달하는 사주학
술술 읽다보면 나도 어느새 도사
당신은 당신 마음대로 모든 일이 이루어지던가. 지금까지 누구의 명령을 받지 않고 내 맘대로 살아왔다고, 운명 따위는 믿지 않는다고, 운명에 매달리지 않는다고 말하는 사람들이 많다. 그러나 우주법칙을 모르기 때문에 하는 소리다.
신비한 동양철학 28 | 조철현 저 | 368면 | 16,000원 | 신국판

사주학
5대 원서의 핵심과 실용
이 책은 사주학을 체계적으로 공부하려는 학도들을 위해서 꼭 알아두어야 할 내용들과 용어들을 수록하는데 중점을 두었다. 이 학문을 공부하려고 많은 사람들이 필자를 찾아왔을 깨 여러 가지 질문을 던져보면 거의 기초지식이 시원치 않음을 보았다. 따라서 용어를 포함한 제반지식을 골고루 습득해야 빠른 시일 내에 소기의 목적을 달성할 수 있을 것이다.
신비한 동양철학 66 | 글갈 정대엽 저 | 778면 | 46,000원 | 신국판 양장

명인재
신기한 사주판단 비법
이 책은 오행보다는 주로 살을 이용하는 비법을 담았다. 시중에 나온 책들을 보면 살에 대해 설명은 많이 하면서도 실제 응용에서는 무시하고 있다. 이것은 살을 알면서도 응용할 줄 모르기 때문이다. 그러나 이 책에서는 살의 활용방법을 완전히 터득해, 어떤 살과 어떤 살이 합하면 어떻게 작용하는지를 자세하게 설명하였다.
신비한 동양철학 43 | 원공선사 저 | 332면 | 19,000원 | 신국판 양장

명리학 | 재미있는 우리사주
사주 세우는 방법부터 용어해설 까지!!
몇 년 전 『사주에 모든 길이 있다』가 나온 후 선배 제현들께서 알찬 내용의 책다운 책을 접했다는 찬사를 받았다. 그러나 사주의 작성법을 설명하지 않아 독자들에게 많은 질타를 받고 뒤늦게 이 책 을 출판하기로 결심했다. 이 책은 한글만 알면 누구나 역학과 가까워질 수 있도록 사주 세우는 방법부터 실제간명, 용어해설에 이르기까지 분야별로 엮었다.
신비한 동양철학 74 | 정담 선사 편저 | 368면 | 19,000원 | 신국판

사주비기
역학으로 보는 역대 대통령들이 나오는 이치!!
이 책에서는 고서의 이론을 근간으로 하여 근대의 사주들을 임상하여, 적중도에 의구심이 가는 이론들은 과감하게 탈피하고 통용될 수 있는 이론만을 수용했다. 따라서 기존 역학서의 아쉬운 부분들을 충족시키며 일반인도 열정만 있으면 누구나 자신의 운명을 감정하고 피흉취길할 수 있는 생활지침서로 활용할 수 있을 것이다.
신비한 동양철학 79 | 청월 박상의 편저 | 456면 | 19,000원 | 신국판

사주학의 활용법
가장 실질적인 역학서
우리가 생소한 지방을 여행할 때 제대로 된 지도가 있다면 편리하고 큰 도움이 되듯이 역학이란 이와같은 인생의 길잡이다. 예측불허의 인생을 살아가는데 올바른 안내자나 그 무엇이 있다면 그 이상 마음 든든하고 큰 재산은 없을 것이다.
신비한 동양철학 17 | 학선 류래웅 저 | 368면 | 15,000원 | 신국판

명리실무
명리학의 총 정리서
명리학(命理學)은 오랜 세월 많은 철인(哲人)들에 의하여 전승 발전되어 왔고, 지금도 수많은 사람이 임상과 연구에 임하고 있으며, 몇몇 대학에 학과도 개설되어 체계적인 교육을 하고 있다. 그러나 아직도 실무에서 활용할 수 있는 책이 부족한 상황이기 때문에 나름대로 현장에서 필요한 이론들을 정리해 보았다. 초학자는 물론 역학계에 종사하는 사람들에게 큰 도움이 될 것이라고 믿는다.
신비한 동양철학 94 | 박흥식 편저 | 920면 | 39,000원 | 신국판

사주 속으로
역학서의 고전들로 입증하며 쉽고 자세하게 푼 책
십 년 동안 역학계에 종사하면서 나름대로는 실전과 이론에서 최선을 다했다고 자부한다. 역학원의 비좁은 공간에서도 항상 후학을 생각하는 마음으로 역학에 대한 배움의 장을 마련하고자 노력한 것도 사실이다. 이 책을 역학으로 이름을 알리고 역학으로 생활하면서 조금이나마 역학계에 이바지할 것이 없을까라는 고민의 산물이라 생각해주기 바란다.
신비한 동양철학 95 | 김상회 편저 | 429면 | 15,000원 | 신국판

사주학의 방정식
알기 쉽게 풀어놓은 가장 실질적인 역서
이 책은 종전의 어려웠던 사주풀이의 응용과 한문을 쉬운 방법으로 터득하는데 목적을 두었고, 역학이 무엇인가를 알리고자 하는데 있다. 세인들은 역학자를 남의 운명이나 풀이하는 점쟁이로 알지만 잘못된 생각이다. 역학은 우주의 근본이며 기의 학문이기 때문에 역학을 이해하지 못하고서는 우리 인생살이 또한 정확하게 해석할 수 없는 고차원의 학문이다.
신비한 동양철학 18 | 김용오 저 | 192면 | 8,000원 | 신국판

오행상극설과 진화론
인간과 인생을 떠난 천리란 있을 수 없다
과학이 현대를 설정하여 설명하고 있으나 원리는 동양철학에도 있기에 그 양면을 밝히고자 노력했다. 우주에서 일어나는 모든 일을 과학으로 설명될 수는 없다. 비과학적이라고 하기보다는 과학이 따라오지 못한다고 설명하는 것이 더 솔직하고 옳은 표현일 것이다. 특히 과학분야에 종사하는 신의사가 저술했는데 더 큰 화제가 되고 있다.
신비한 동양철학 5 | 김태진 저 | 222면 | 15,000원 | 신국판

스스로 공부하게 하는 방법과 천부적 적성
내 아이를 성공시키고 싶은 부모들에게
자녀를 성공시키고 싶은 마음은 누구나 같겠지만 가난한 집 아이가 좋은 성적을 내기는 매우 어렵고, 원하는 학교에 들어가기도 어렵다. 그러나 실망하기에는 아직 이르다. 내 아이가 훌륭하게 성장해 아름답고 멋진 삶을 살아가는 방법을 소개한다.
신비한 동양철학 85 | 청암 박재현 지음 | 176면 | 14,000원 | 신국판

진짜부적 가짜부적
부적의 실체와 정확한 제작방법
인쇄부적에서 가짜부적에 이르기까지 많게는 몇백만원에 팔리고 있다는 보도를 종종 듣는다. 그러나 부적은 정확한 제작방법에 따라 자신의 용도에 맞게 스스로 만들어 사용하면 훨씬 더 좋은 효과를 얻을 수 있다. 이 책은 중국에서 정통부적을 연구한 국내유일의 동양오술학자가 밝힌 부적의 실체와 정확한 제작방법을 소개하고 있다.
신비한 동양철학 7 | 오상익 저 | 322면 | 15,000원 | 신국판

수명비결
주민등록번호 13자로 숙명의 정체를 밝힌다
우리는 지금 무수히 많은 숫자의 거미줄에 매달려 허우적거리며 살아가고 있다. 1분 · 1초가 생사를 가름하고, 1등 · 2등이 인생을 좌우하며, 1급 · 2급이 신분을 구분하는 세상이다. 이 책은 수명리학으로 13자의 주민등록번호로 명예, 재산, 건강, 수명, 애정, 자녀운 등을 미리 읽어본다.
신비한 동양철학 14 | 장충한 저 | 308면 | 15,000원 | 신국판

진짜궁합 가짜궁합
남녀궁합의 새로운 충격
중국에서 연구한 국내유일의 동양오술학자가 우리나라 역술가들의 궁합법이 잘못되었다는 것을 학술적으로 분석 · 비평하고, 전적과 사례연구를 통하여 궁합의 실체와 타당성을 분석했다. 합리적인「자미두수궁합법」과「남녀궁합」및 출생시간을 몰라 궁합을 못보는 사람들을 위하여「지문으로 보는 궁합법」등을 공개하고 있다.
신비한 동양철학 8 | 오상익 저 | 414면 | 15,000원 | 신국판

주역육효 해설방법(상 · 하)
한 번만 읽으면 주역을 활용할 수 있는 책
이 책은 주역을 해설한 것으로, 될 수 있는 한 여러 가지 사설을 덧붙이지 않고, 주역을 공부하고 활용하는데 필요한 요건만을 기록했다. 따라서 주역의 근원이나 하도낙서, 음양오행에 대해서도 많은 설명을 자제했다. 다만 누구나 이 책을 한 번 읽어서 주역을 이해하고 활용할 수 있도록 하는데 중점을 두었다.
신비한 동양철학 38 | 원공선사 저 | 상 810면 · 하 798면 | 각 29,000원 | 신국판

쉽게 푼 주역
귀신도 탄복한다는 주역을 쉽고 재미있게 풀어놓은 책
주역이라는 말 한마디면 귀신도 기겁을 하고 놀라 자빠진다는데, 운수와 일진이 문제가 될까. 8×8=64괘라는 주역을 한 괘에 23개씩의 회답으로 해설하여 1472괘의 신비한 해답을 수록했다. 당신이 당면한 문제라면 무엇이든 해결할 수 있는 열쇠가 이 한 권의 책 속에 있다.
신비한 동양철학 10 | 정도명 저 | 284면 | 16,000원 | 신국판 양장

주역 기본원리
주역의 기본원리를 통달할 수 있는 책
이 책에서는 기본괘와 변화와 기본괘가 어떤 괘로 변했을 경우 일어날 수 있는 내용들을 설명하여 주역의 변화에 대한 이해를 돕는데 주력하였다. 그러나 그런 내용을 구분할 수 있는 방법을 전부 다 설명할 수는 없기에 뒷장에 간단하게설명하였고, 다른 책들과 설명의 차이점도 기록하였으니 참작하여 본다면 조금이나마 도움이 될 것이다.
신비한 동양철학 67 | 원공선사 편저 | 800면 | 39,000원 | 신국판

완성 주역비결 | 주역 토정비결
반쪽으로 전해오는 토정비결을 완전하게 해설
지금 시중에 나와 있는 토정비결에 대한 책들은 옛날부터 내려오는 완전한 비결이 아니라 반쪽의 책이다. 그러나 반쪽이라고 말하는 사람은 없다. 그것은 주역의 원리를 모르기 때문이다. 그래서 늦은 감이 없지 않으나 앞으로 수많은 세월을 생각해서 완전한 해설판을 내놓기로 했다.
신비한 동양철학 92 | 원공선사 편저 | 396면 | 16,000원 | 신국판

육효대전
정확한 해설과 다양한 활용법
동양고전 중에서도 가장 대표적인 것이 주역이다. 주역은 옛사람들이 자연을 거울삼아 생활을 영위해 나가는 처세에 관한 지혜를 무한히 내포하고, 피흉추길하는 얼과 슬기가 함축된 점서인 동시에 수양 · 과학서요 철학 · 종교서라고 할 수 있다.
신비한 동양철학 37 | 도관 박흥식 편저 | 608면 | 26,000원 | 신국판

육효점 정론
육효학의 정수
이 책은 주역의 원전소개와 상수역법의 꽃으로 발전한 경방학을 같이 실어 독자들의 호기심을 충족시키는데 중점을 두었습니다. 주역의 원전으로 인화의 처세술을 터득하고, 어떤 사안의 답은 육효법을 탐독하여 찾으시기 바랍니다.
신비한 동양철학 80 | 효명 최인영 편역 | 396면 | 29,000원 | 신국판

육효학 총론
육효학의 핵심만을 정확하고 알기 쉽게 정리
육효는 갑자기 문제가 생겨 난감한 경우에 명쾌한 답을 찾을 수 있는 학문이다. 그러나 시중에 나와 있는 책들이 대부분 원서를 그대로 번역해 놓은 것이라 전문가인 필자가 보기에도 지루하며 어렵다는 느낌이 들었다. 그래서 보다 쉽게 공부할 수 있도록 이 책을 출간하게 되었다.
신비한 동양철학 89 | 김도희 편저 | 174쪽 | 26,000원 | 신국판

기문둔갑 비급대성
기문의 정수
기문둔갑은 천문지리·인사명리·법술병법 등에 영험한 술수로 예로부터 은밀하게 특권층에만 전승되었다. 그러나 아쉽게도 기문을 공부하려는 이들에게 도움이 될만한 책이 거의 없다. 필자는 이 점이 안타까워 천견박식함을 돌아보지 않고 감히 책을 내게 되었다. 한 권에 기문학을 다 표현할 수는 없지만 이 책을 사다리 삼아 저 높은 경지로 올라간다면 제갈공명과 같은 지혜를 발휘할 수 있을 것이다.
신비한 동양철학 86 | 도관 박흥식 편저 | 725면 | 39,000원 | 신국판

기문둔갑옥경
가장 권위 있고 우수한 학문
우리나라의 기문역사는 장구하나 상세한 문헌은 전무한 상태라 이 책을 발간하였다. 기문둔갑은 천문지리는 물론 인사명리 등 제반사에 관한 길흉을 판단함에 있어서 가장 우수한 학문이며 병법과 법술방면으로도 특징과 장점이 있다. 초학자는 포국편을 열심히 익혀 설국을 자유자재로 할 수 있도록 하고, 개인의 이익보다는 보국안민에 일조하기 바란다.
신비한 동양철학 32 | 도관 박흥식 저 | 674면 | 39,000원 | 사륙배판

오늘의 토정비결
일년신수와 죽느냐 사느냐를 알려주는 예언서
역산비결은 일년신수를 보는 역학서이다. 당년의 신수만 본다는 것은 토정비결과 비슷하나 토정비결은 토정 선생께서 사람들에게 용기와 희망을 주기 위함이 목적이어서 다소 허황되고 과장된 부분이 많다. 그러나 역산비결은 재미로 보는 신수가 아니라, 죽느냐 사느냐를 알려주는 예언서이이니 재미로 보는 토정비결과는 차원이 다르다.
신비한 동양철학 72 | 역산 김찬동 편저 | 304면 | 16,000원 | 신국판

國運·나라의 운세
역으로 풀어본 우리나라의 운명과 방향
아무리 서구사상의 파고가 높다하기로 오천 년을 한결같이 가꾸며 살아온 백두의 혼이 와르르 무너지는 지경에 왔어도 누구하나 입을 열어 말하는 사람이 없으니 답답하다. 불확실한 내일에 대한 해답을 이 책은 명쾌하게 제시하고 있다.
신비한 동양철학 22 | 백우 김봉준 저 | 290면 | 9,000원 | 신국판

남사고의 마지막 예언
이 책으로 격암유록에 대한 논란이 끝나기 바란다
감히 이 책을 21세기의 성경이라고 말한다. 〈격암유록〉은 섭리가 우리민족에게 준 위대한 복음서이며, 선물이며, 꿈이며, 인류의 희망이다. 이 책에서는 〈격암유록〉이 전하고자 하는 바를 주제별로 정리하여 문답식으로 풀어갔다. 이 책으로 〈격암유록〉에 대한 논란은 끝나기 바란다.
신비한 동양철학 29 | 석정 박순용 저 | 276면 | 16,000원 | 신국판

원토정비결
반쪽으로만 전해오는 토정비결의 완전한 해설판
지금 시중에 나와 있는 토정비결에 대한 책들을 보면 옛날부터 내려오는 완전한 비결이 아니라 반면의 책이다. 그러나 반면이라고 말하는 사람이 없다. 그것은 주역의 원리를 모르기 때문이다. 따라서 늦은 감이 없지 않으나 앞으로의 수많은 세월을 생각하면서 완전한 해설본을 내놓았다.
신비한 동양철학 53 | 원공선사 저 | 396면 | 24,000원 | 신국판 양장

나의 천운 · 운세찾기
몽골정통 토정비결
이 책은 역학계의 대가 김봉준 선생이 몽공토정비결을 우리의 인습과 체질에 맞게 엮은 것이다. 운의 흐름을 알리고자 호운과 쇠운을 강조하고, 현재의 나를 조명하고 판단할 수 있도록 했다. 모쪼록 생활서나 안내서로 활용하기 바란다.
신비한 동양철학 12 | 백우 김봉준 저 | 308면 | 11,000원 | 신국판

역점 | 우리나라 전통 행운찾기
쉽게 쓴 64괘 역점 보는 법
주역이 점치는 책에만 불과했다면 벌써 그 존재가 없어졌을 것이다. 그러나 오랫동안 많은 학자가 연구를 계속해왔고, 그 속에서 자연과학과 형이상학적인 우주론과 인생론을 밝혀, 정치 · 경제 · 사회 등 여러 방면에서 인간의 생활에 응용해왔고, 삶의 지침서로써 그 역할을 했다. 이 책은 한 번만 읽으면 누구나 역점가가 될 수 있으니 생활에 도움이 되길 바란다.
신비한 동양철학 57 | 문명상 편저 | 382면 | 26,000원 | 신국판 양장

이렇게 하면 좋은 운이 온다
한 가정에 한 권씩 놓아두고 볼만한 책
좋은 운을 부르는 방법은 방위 · 색상 · 수리 · 년운 · 월운 · 날짜 · 시간 · 궁합 · 이름 · 직업 · 물건 · 보석 · 맛 · 과일 · 기운 · 마을 · 가축 · 성격 등을 정확하게 파악하여 자신에게 길한 것은 취하고 흉한 것은 피하면 된다. 이 책의 저자는 신학대학을 졸업하고 역학계에 입문했다는 특별한 이력을 갖고 있기 때문에 더 많은 화제가 되고 있다.
신비한 동양철학 27 | 역산 김찬동 저 | 434면 | 16,000원 | 신국판

운을 잡으세요 | 改運秘法
염력강화로 삶의 문제를 해결한다!
행복과 불행은 누가 주는 것이 아니라 자기 자신이 만든다고 할 수 있다. 한 마디로 말해 의지의 힘. 즉 염력이 운명을 바꾸는 것이다. 이 책에서는 이러한 염력을 강화시켜 삶에서 일어나는 문제를 해결하는 방법을 알려준다. 누구나 가벼운 마음으로 읽고 실천한다면 반드시 목적을 이룰 수 있을 것이다.
신비한 동양철학 76 | 역산 김찬동 편저 | 272면 | 10,000원 | 신국판

복을 부르는방법
나쁜 운을 좋은 운으로 바꾸는 비결
개운하는 방법은 여러 가지가 있으나. 이 책의 비법은 축원문을 독송하는 것이다. 독송이란 소리내 읽는다는 뜻이다. 사람의 말에는 기운이 있는데, 이 기운은 자신에게 돌아온다. 좋은 말을 하면 좋은 기운이 돌아오고, 나쁜 말을 하면 나쁜 기운이 돌아온다. 이 책은 누구나 어디서나 쉽게 비용을 들이지 않고 좋은 운을 부를 수 있는 방법을 실었다.
신비한 동양철학 69 | 역산 김찬동 편저 | 194면 | 11,000원 | 신국판

천직 · 사주팔자로 찾은 나의 직업
천직을 찾으면 역경없이 탄탄하게 성공할 수 있다
잘 되겠지 하는 막연한 생각으로 의욕만 갖고 도전하는 것과 나에게 맞는 직종은 무엇이고 때는 언제인가를 알고 도전하는 것은 근본적으로 다르고, 결과도 다르다. 만일 의욕만으로 팔자에도 없는 사업을 시작했다고 하자, 결과는 불을 보듯 뻔하다. 그러므로 이런 때일수록 침착과 냉정을 찾아 내 그릇부터 알고, 생활에 대처하는 지혜로움을 발휘해야 한다.
신비한 동양철학 34 | 백우 김봉준 저 | 376면 | 19,000원 | 신국판

운세십진법 · 本大路
운명을 알고 대처하는 것은 현대인의 지혜다
타고난 운명은 분명히 있다. 그러니 자신의 운명을 알고 대처한다면 비록 운명을 바꿀 수는 없지만 향상시킬 수 있다. 이것이 사주학을 알아야 하는 이유다. 이 책에서는 자신이 타고난 숙명과 앞으로 펼쳐질 운명행로를 찾을 수 있도록 운명의 기초를 초연하게 설명하고 있다.
신비한 동양철학 1 | 백우 김봉준 저 | 364면 | 16,000원 | 신국판

성명학 | 바로 이 이름
사주의 운기와 조화를 고려한 이름짓기
사람은 누구나 타고난 운명이 있다. 숙명인 사주팔자는 선천운이고, 성명은 후천운이 되는 것으로 이름을 지을 때는 타고난 운기와의 조화를 고려해야 한다. 따라서 역학에 대한 깊은 이해가 선행함은 지극히 당연하다. 부연하면 작명의 근본은 타고난 사주에 운기를 종합적으로 분석하여 부족한 점을 보강하고 결점을 개선한다는 큰 뜻이 있다고 할 수 있다.
신비한 동양철학 75 | 정담 선사 편저 | 488면 | 24,000원 | 신국판

작명 백과사전
36가지 이름짓는 방법과 선후천 역상법 수록
이름은 나를 대표하는 생명체이므로 몸은 세상을 떠날지라도 영원히 남는다. 성명운의 유도력은 후천적으로 가공 인수되는 후존적 수기로써 조성 운화되는 작용력이 있다. 선천수기의 운기력이 50%이면 후천수기도의 운기력도50%이다. 이와 같이 성명운의 작용은 운로에 불가결한조건일 뿐 아니라, 선천명운의 범위에서 기능을 충분히 할 수 있다.
신비한 동양철학 81 │ 임삼업 편저 │ 송충석 감수 │ 730면 │ 36,000원 │ 사륙배판

작명해명
누구나 쉽게 활용할 수 있는 체계적인 작명법
일반적인 성명학으로는 알 수 없는 한자이름, 한글이름, 영문이름, 예명, 회사명, 상호, 상품명 등의 작명방법을 여러 사례를 들어 체계적으로 분석하여 누구나 쉽게 배워서 활용할 수 있도록 서술했다.
신비한 동양철학 26 │ 도관 박흥식 저 │ 518면 │ 19,000원 │ 신국판

역산성명학
이름은 제2의 자신이다
이름에는 각각 고유의 뜻과 기운이 있어 그 기운이 성격을 만들고 그 성격이 운명을 만든다. 나쁜 이름은 부르면 부를수록 불행을 부르고 좋은 이름은 부르면 부를수록 행복을 부른다. 만일 이름이 거지같다면 아무리 운세를 잘 만나도 밥을 좀더 많이 얻어 먹을 수 있을 뿐이다. 저자는 신학대학을 졸업하고 역학계에 입문한 특별한 이력으로 많은 화제가 된다.
신비한 동양철학 25 │ 역산 김찬동 저 │ 456면 │ 19,000원 │ 신국판

작명정론
이름으로 보는 역대 대통령이 나오는 이치
사주팔자가 네 기둥으로 세워진 집이라면 이름은 그 집을 대표하는 문패라고 할 수 있다. 따라서 이름을 지을 때는 사주의 격에 맞추어야 한다. 사주 그릇이 작은 사람이 원대한 뜻의 이름을 쓰면 감당하지 못할 시련을 자초하게 되고 오히려 이름값을 못할 수 있다. 즉 분수에 맞는 이름으로 작명해야 하기 때문에 사주의 올바른 분석이 필요하다.
신비한 동양철학 77 │ 청월 박상의 편저 │ 430면 │ 19,000원 │ 신국판

음파메세지(氣)성명학
새로운 시대에 맞는 새로운 성명학
지금까지의 모든 성명학은 모순의 극치를 이룬다. 그러나 이제 새 시대에 맞는 음파메세지(氣) 성명학이 나왔으니 복을 계속 부르는 이름을 지어 사랑하는 자녀가 행복하고 아름다운 삶을 살아갈 수 있도록 하는데 도움이 되었으면 한다.
신비한 동양철학 51 │ 청암 박재현 저 │ 626면 │ 39,000원 │ 신국판 양장

아호연구
여러 가지 작호법과 실제 예 모음
필자는 오래 전부터 작명을 연구했다. 그러나 시중에 나와 있는 책에는 대부분 아호에 관해서는 전혀 언급하지 않았다. 그래서 아호에 관심이 있어도 자료를 구하지 못하는 분들을 위해 이 책을 내게 되었다. 아호를 짓는 것은 그리 대단하거나 복잡하지 않으니 이 책을 처음부터 끝까지 착실히 공부한다면 누구나 좋은 아호를 지어 쓸 수 있을 것이라고 생각한다.
신비한 동양철학 87 │ 임삼업 편저 │ 308면 │ 26,000원 │ 신국판

한글이미지 성명학
이름감정서
이 책은 본인의 이름은 물론 사랑하는 가족 그리고 가까운 친척이나 친구들의 이름까지도 좋은지 나쁜지 알아볼 수 있도록 지금까지 나와 있는 모든 성명학을 토대로 하여 썼다. 감언이설이나 협박성 감명에 흔들리지 않고 확실한 이름풀이를 볼 수 있을 것이다. 그리고 아름답고 멋진 삶을 살아갈 수 있는 이름을 짓는 방법도 상세하게 제시하였다.
신비한 동양철학 93 │ 청암 박재현 지음 │ 287면 │ 10,000원 │ 신국판

비법 작명기술
복과 성공을 함께 하려면
이 책은 성명의 발음오행이나 이름의 획수를 근간으로 하는 실제 이용이 가장 많은 기본 작명법을 서술하고, 주역의 괘상으로 풀어 길흉을 판단하는 역상법 5가지와 그외 중요한 작명법 5가지를 합하여 「보배로운 10가지 이름 짓는 방법」을 실었다. 특히 작명비법인 선후천역상법은 성명의 원획에 의존하는 작명법과 달리 정획과 곡획을 사용해 주역 상수학을 대표하는 하락이수를 쓰고, 육호가 들어가 응험률을 높였다.
신비한 동양철학 96 │ 임삼업 편저 │ 370면 │ 30,000원 │ 사륙배판

올바른 작명법
소중한 이름, 알고 짓자!
세상 부모들에게 가장 소중한 것이 뭐냐고 물으면 자녀라고 할 것이다. 그런데 왜 평생을 좌우할 이름을 함부로 짓는가. 이름이 얼마나 소중한지, 이름의 오행작용이 일생을 어떻게 좌우하는지 모르기 때문이다.
신비한 동양철학 61 | 이정재 저 | 352면 | 19,000원 | 신국판

호(雅號)책
아호 짓는 방법과 역대 유명인사의 아호, 인명용 한자 수록
필자는 오래 전부터 작명연구에 열중했으나 대부분의 작명책에는 아호에 관해서는 전혀 언급하지 않고, 간혹 거론했어도 몇 줄 정도의 뜻풀이에 불과하거나 일반작명법에 준한다는 암시만 풍기며 끝을 맺었다. 따라서 필자가 참고한 문헌도 적었음을 인정한다. 아호에 관심이 있어도 자료를 구하지 못하는 현실에 착안하여 필자 나름대로 각고 끝에 본서를 펴냈다.
신비한 동양철학 97 | 임삼업 편저 | 390면 | 20,000원 | 신국판

관상오행
한국인의 특성에 맞는 관상법
좋은 관상인 것 같으나 실제로는 나쁘거나 좋은 관상이 아닌데도 잘 사는 사람이 왕왕있어 관상법 연구에 흥미를 잃는 경우가 있다. 이것은 중국의 관상법만을 익히고 우리의 독특한 환경적인 특징을 소홀히 다루었기 때문이다. 이에 우리 한국인에게 알맞은 관상법을 연구하여 누구나 관상을 쉽게 알아보고 해석할 수 있도록 자세하게 풀어놓았다.
신비한 동양철학 20 | 송파 정상기 저 | 284면 | 12,000원 | 신국판

정본 관상과 손금
바로 알고 사람을 사귑시다
이 책은 관상과 손금은 인생을 행복하게 만든다는 관점에서 다루었다. 그야말로 관상과 손금의 혁명이라고 할 수 있다. 여러분도 관상과 손금을 통한 예지력으로 인생의 참주인이 되기 바란다. 용기를 불어넣어 주고 행복을 찾게 하는 것이 참다운 관상과 손금술이다. 이 책이 일상사에 고민하는 분들에게 해결방법을 제시해 줄 것이다.
신비한 동양철학 42 | 지창룡 감수 | 332면 | 16,000원 | 신국판 양장

이런 사원이 좋습니다
사원선발 면접지침
사회가 다양해지면서 인력관리의 전문화와 인력수급이 기업주의 애로사항이 되었다. 필자는 그동안 많은 기업의 사원선발 면접시험에 참여했는데 기업주들이 모두 면접지침에 관한 책이 있으면 좋겠다는 것이다. 그래서 경험한 사례를 참작해 이 책을 내니 좋은 사원을 선발하는데 많은 도움이 될 것이라고 믿는다.
신비한 동양철학 90 | 정도명 지음 | 274면 | 19,000원 | 신국판

핵심 관상과 손금
사람을 볼 줄 아는 안목과 지혜를 알려주는 책
오늘과 내일을 예측할 수 없을만큼 복잡하게 펼쳐지는 현실에서 살아남기 위해서는 사람을 볼줄 아는 안목과 지혜가 필요하다. 시중에 관상학에 대한 책들이 많이 나와있지만 너무 형이상학적이라 전문가도 이해하기 어렵다. 이 책에서는 누구라도 쉽게 보고 이해할 수 있도록 핵심만을 파악해서 설명했다.
신비한 동양철학 54 | 백우 김봉준 저 | 188면 | 14,000원 | 사록판 양장

완벽 사주와 관상
우리의 삶과 관계 있는 사실적 관계로만 설명한 책
이 책은 우리의 삶과 관계 있는 사실적 관계로만 역을 설명하고, 역에 대한 관심과 흥미를 갖게 하고자 관상학을 추록했다. 여기에 추록된 관상학은 시중에서 흔하게 볼 수 있는 상법이 아니라 생활상법, 즉 삶의 지식과 상식을 드리고자 했다.
신비한 동양철학 55 | 김봉준 · 유오준 공저 | 530면 | 36,000원 | 신국판 양장

사람을 보는 지혜
관상학의 초보에서 실용까지
현자는 하늘이 준 명을 알고 있기에 부귀에 연연하지 않는다. 사람은 마음을 다스리는 심명이 있다. 마음의 명은 자신만이 소통하는 유일한 우주의 무형의 에너지이기 때문에 잠시도 잊으면 안된다. 관상학은 사람의 상으로 이런 마음을 살피는 학문이니 잘 이해하여 보다 나은 삶을 삶을 영위할 수 있도록 노력해야 한다.
신비한 동양철학 73 | 이부길 편저 | 510면 | 20,000원 | 신국판

한눈에 보는 손금
논리정연하며 바로미터적인 지침서
이 책은 수상학의 연원을 초월해서 동서합일의 이론으로 집필했다. 그야말로 논리정연한 수상학을 정리하였다. 그래서 운명적, 철학적, 동양적, 심리학적인 면을 예증과 방편에 이르기까지 상세하게 기술했다. 이 책은 수상학이라기 보다 바로미터적인 지침서 역할을 해줄 것이다. 독자 여러분의 꾸준한 연구와 더불어 인생성공의 지침서가 될 수 있을 것이다.
신비한 동양철학 52 | 정도명 저 | 432면 | 24,000원 | 신국판 양장

이런 집에 살아야 잘 풀린다
운이 트이는 좋은 집 알아보는 비결
한마디로 운이 트이는 집을 갖고 싶은 것은 모두의 꿈일 것이다. 50평이니 60평이니 하며 평수에 구애받지 않고 가족이 평온하게 생활할 수 있고 나날이 발전할 수 있는 그런 집이 있다면 얼마나 좋을까? 그런 소망에 한 걸음이라도 가까워지려면 막연하게 운만 기대하고 있어서는 안 된다. 좋은 집을 가지려면 그만한 노력이 있어야 한다.
신비한 동양철학 64 | 강현술·박흥식 감수 | 270면 | 16,000원 | 신국판

점포, 이렇게 하면 부자됩니다
부자되는 점포, 보는 방법과 만드는 방법
사업의 성공과 실패는 어떤 사업장에서 어떤 품목으로 어떤 사람들과 거래하느냐에 따라 판가름난다. 그리고 사업을 성공시키려면 반드시 몇 가지 문제를 살펴야 하는데 무작정 사업을 시작하여 실패하는 사람들이 많다. 그래서 이 책에서는 이러한 문제와 방법들을 조목조목 기술하여 누구나 성공하도록 도움을 주는데 주력하였다.
신비한 동양철학 88 | 김도희 편저 | 177면 | 26,000원 | 신국판

쉽게 푼 풍수
현장에서 활용하는 풍수지리법
산도는 매우 광범위하고, 현장에서 알아보기 힘들다. 더구나 지금은 수목이 울창해 소조산 정상에 올라가도 나무에 가려 국세를 파악하는데 애를 먹는다. 따라서 사진을 첨부하니 많은 활용하기 바란다. 물론 결록에 있고 산도가 눈에 익은 것은 혈 사진과 함께 소개하였다. 이 책을 열심히 정독하면서 답산하면 혈을 알아보고 용산도 할 수 있을 것이다.
신비한 동양철학 60 | 전항수·주장관 편저 | 378면 | 26,000원 | 신국판

음택양택
현세의 운·내세의 운
이 책에서는 음양택명당의 조건이나 기타 여러 가지를 설명하여 산 자와 죽은 자의 행복한 집을 만들 수 있도록 했다. 특히 죽은 자의 집인 음택명당은 자리를 옳게 잡으면 꾸준히 생기를 발하여 흥하나, 그렇지 않으면 큰 피해를 당하니 돈보다도 행·불행의 근원인 음양택명당에 관심을 기울여야 한다.
신비한 동양철학 63 | 전항수·주장관 지음 | 392면 | 29,000원 | 신국판

용의 혈·풍수지리 실기 100선
실전에서 실감나게 적용하는 풍수의 길잡이
이 책은 풍수지리 문헌인 만두산법서, 명산론, 금랑경 등을 이해하기 쉽도록 주제별로 간추려 설명했으며, 풍수지리학을 쉽게 접근하여 공부하고, 실전에 활용하여 실감나게 적용할 수 있도록 하는데 역점을 두었다.
신비한 동양철학 30 | 호산 윤재우 저 | 534면 | 29,000원 | 신국판

현장 지리풍수
현장감을 살린 지리풍수법
풍수를 업으로 삼는 사람들이 진가를 분별할 줄 모르면서 많은 법을 알았다고 자부하며 뽐낸다. 그리고는 재물에 눈이 어두워 불길한 산을 길하다 하고, 선하지 못한 물)을 선한다 한다. 이는 분수 밖의 것을 바라기 때문이다. 마음가짐을 바로 하고 고대 원전에 공력을 바치면서 산간을 실사하며 적공을 쏟으면 정교롭고 세밀한 경지를 얻을 수 있을 것이다.
신비한 동양철학 48 | 전항수·주관장 편저 | 434면 | 36,000원 | 신국판 양장

찾기 쉬운 명당
실전에서 활용할 수 있는 책
가능하면 쉽게 풀어 실전에 도움이 되도록 했다. 특히 풍수지리에서 방향측정에 필수인 패철 사용과 나경 9층을 각 층별로 설명했다. 그리고 이 책에 수록된 도설, 즉 오성도, 명산도, 명당 형세도 내거수 명당도, 지각형세도, 용의 과협출맥도, 사대혈형 와겸유돌 형세도 등은 국립중앙도서관에 소장된 문헌자료인 만산도단, 만산영도, 이석당 은민산도의 원본을 참조했다.
신비한 동양철학 44 | 호산 윤재우 저 | 386면 | 19,000원 | 신국판 양장

해몽정본
꿈의 모든 것
시중에 꿈해몽에 관한 책은 많지만 막상 내가 꾼 꿈을 해몽을 하려고 하면 어디다 대입시켜야 할지 모르는 경우가 많았을 것이다. 그러나 최대한으로 많은 예를 들었고, 찾기 쉽고 명료하게 만들었기 때문에 해몽을 하는데 어려움이 없을 것이다. 한집에 한권씩 두고 보면서 나쁜 꿈은 예방하고 좋은 꿈을 좋은 일로 연결시킨다면 생활에 많은 도움이 될 것이다.
신비한 동양철학 36 │ 청암 박재현 저 │ 766면 │ 19,000원 │ 신국판

해몽 · 해몽법
해몽법을 알기 쉽게 설명한 책
인생은 꿈이 예지한 시간적 한계에서 점점 소멸되어 가는 현존물이기 때문에 반드시 꿈의 뜻을 따라야 한다. 이것은 꿈을 먹고 살아가는 인간 즉 태몽의 끝장면인 죽음을 향해 달려가고 있는 인간이기 때문이다. 꿈은 우리의 삶을 이끌어가는 이정표와도 같기에 똑바로 가도록 노력해야 한다.
신비한 동양철학 50 │ 김종일 저 │ 552면 │ 26,000원 │ 신국판 양장

완벽 만세력
착각하기 쉬운 서머타임 2도 인쇄
시중에 많은 종류의 만세력이 나와있지만 이 책은 단순한 만세력이 아니라 완벽한 만세경전으로 만세력 보는 법 등을 실었기 때문에 처음 대하는 사람이라도 쉽게 볼 수 있도록 편집되었다. 또한 부록편에는 사주명리학, 신살종합해설, 결혼과 이사택일 및 이사방향, 길흉보는 법, 우주천기와 한국의 역사 등을 수록했다.
신비한 동양철학 99 │ 백우 김봉준 저 │ 316면 │ 20,000원 │ 사륙배판

정본만세력
이 책은 완벽한 만세력으로 만세력 보는 방법을 자세하게 설명했다. 그리고 역학에 대한 기본적인 내용과 결혼하기 좋은 나이 · 좋은 날 · 좋은 시간, 아들 · 딸 태아감별법, 이사하기 좋은 날 · 좋은 방향 등을 부록으로 실었다.
신비한 동양철학 45 │ 백우 김봉준 저 │ 304면 │ 사륙배판 26,000원, 신국판 16,000원, 사륙판 10,000원, 포켓판 9,000원

정본 │ 완벽 만세력
착각하기 쉬운 서머타임 2도인쇄
시중에 많은 종류의 만세력이 있지만 이 책은 단순한 만세력이 아니라 완벽한 만세경전이다. 그리고 만세력 보는 법 등을 실었기 때문에 처음 대하는 사람이라도 쉽게 볼 수 있다. 또 부록편에는 사주명리학, 신살 종합해설, 결혼과 이사 택일, 이사 방향, 길흉보는 법, 우주의 천기와 우리나라 역사 등을 수록하였다.
신비한 동양철학 99 │ 김봉준 편저 │ 316면 │ 20,000원 │ 사륙배판

원심수기 통증예방 관리비법
쉽게 배워 적용할 수 있는 통증관리법
『원심수기 통증예방 관리비법』은 4차원의 건강관리법으로 질병이 악화되는 것을 예방하여 건강한 몸을 유지하는데 그 목적이 있다. 시중의 수기요법과 비슷하나 특장점은 힘이 들지 않아 어린아이부터 노인까지 누구나 시술할 수 있고, 배우고 적용하는 과정이 쉽고 간단하며, 시술 장소나 도구가 필요 없으니 언제 어디서나 시술할 수 있다.
신비한 동양철학 78 │ 원공 선사 저 │ 288면 │ 16,000원 │ 신국판

운명으로 본 나의 질병과 건강상태
타고난 건강상태와 질병에 대한 대비책
이 책은 국내 유일의 동양오술학자가 사주학과 정통명리학의 양대산맥을 이루는 자미두수 이론으로 임상실험을 거쳐 작성한 자료다. 따라서 명리학을 응용한 최초의 완벽한 의학서로 질병을 예방하고 치료하는데 활용하면 최고의 의사가 될 것이다. 또한 예방의학적인 차원에서 건강을 유지하는데 훌륭한 지침서로 현대의학의 새로운 장을 여는 계기가 될 것이다.
신비한 동양철학 9 │ 오상익 저 │ 474면 │ 15,000원 │ 신국판

서체자전
해서를 기본으로 전서, 예서, 행서, 초서를 연습할 수 있는 책
한자는 오랜 옛날부터 우리 생활과 뗄 수 없는 관계를 맺어왔음에도 한자를 잘 몰라 불편을 겪는 사람들이 많아 이 책을 내게 되었다. 이 책에서는 해서(楷書)를 기본으로 각 글자마다 전서(篆書), 예서(隸書), 행서(行書), 초서(草書) 순으로 배열하여 독자가 필요한 것을 찾아 연습하기 쉽도록 하였다.
신비한 동양철학 98 │ 편집부 편 │ 273면 │ 16,000원 │ 사륙배판